애정 행각

애정 행각

니키리 임지은

마음산책

애정 행각

1판 1쇄 발행	2025년 6월 30일
1판 2쇄 발행	2025년 7월 10일

지은이	니키리·임지은
펴낸이	정은숙
펴낸곳	마음산책

담당 편집	이동근
담당 디자인	오세라
담당 마케팅	권혁준·김은비
경영지원	박지혜

등록	2000년 7월 28일(제2000-000237호)
주소	(우 04043) 서울시 마포구 잔다리로3안길 20
전화	대표	362-1452 편집	362-1451 팩스	362-1455
홈페이지	www.maumsan.com
블로그	blog.naver.com/maumsanchaek
트위터	twitter.com/maumsanchaek
페이스북	facebook.com/maumsan
인스타그램	instagram.com/maumsanchaek
전자우편	maum@maumsan.com
ISBN	978-89-6090-937-3 03810

* 책값은 뒤표지에 있습니다.

신념이 강하면 유연하지 않고

유연하지 않으면 섹시하지 않아.

프롤로그

카페는 하필 그날 휴무였다. 약속 시간보다 조금 일찍 도착해 기다리면서 나는 스스로에게 경고했다. 너무 기대하지는 마. 무슨 기대? 글쎄……. 얼굴이 마르다 못해 쪼그라든다고 느껴질 만큼 볕이 강했고 나는 초조했다. 이런 식으로 유명인과 만나게 될 거라곤 생각하지 못했던 터였다.

그건 그로부터 며칠 전, 니키에게서 온 페이스북 친구 신청을 확인했을 때도 마찬가지였다. 설마 그 니키리? 나는 흥분한 나머지 곧바로 채팅을 보냈다. "헉 작가님, 친구 신청 해주셔서 영광이어요!" 한 시간쯤 뒤 답이 왔다. 대충 내가 올린 글에 공감했다는 내용이었다. 그 시기 나는 심장이 벌렁거리면서도 페이스북에다 다소 위험하고 공격받을 수 있을 만한 내용의 긴 글을 기어이 올리곤 했다. 그런데 니키리 같은 사람이 거기에 반응해주다니! 믿기지 않게도 그는 언제 한번 얘기할 기회가 있으면 좋겠다며, 날이 선선해지면 연락하겠다고까지 했다. 니키는 미술을 공부했던 사람이라면 꼭 알아야만 하는 아티스트였다. 그에 비해 나는 긴 시간 미술을 전공했지만 그 어떤 결과물도 내본 적 없었다. 예술을 사랑하면서도 예술의 얼굴조차 몰랐다. 나는 고작 예술의 뒷모습만을 바라보며 그 주변을 하염없이 맴돌다가, 앞으로 어떻게 될지 모를 첫 책을 쓰는 중인 이십대 후반 무직 여자애에 불과했다.

그래서 나는 니키의 채팅이 나의 괜찮음을 증명하기라도 하는 양 기뻐하면서도, 우리가 정말 만나게 될 리는 없을 거라 여겼다. 내가 쓴 글이 좋다며 나를 만나고 싶다던 이들은 대부분 성적으로 흑심이 있거나, 자신의 사업 등에 나를 이용하려 드는 이들이었다. 내게서 뭔가를 발견한 듯 굴면서 실은 나를 제대로 보지도 않았던 그들은 설명하기 어려운 방식으로 나를 좌절시켰는데, 그런 식의 좌절을 반복하며 내 안에는 이상한 믿음이 눌러앉았다. 누군가 나 같은 애를 알아봐줄 리 없다는 믿음. 심지어 니키에게 정말로 연락이 와서 약속을 잡았을 때에도, 만나기로 한 곳에 서 있던 그 순간까지도, 나는 내 안의 믿음을 버리지 못했다. 아무도 나타나지 않는다 해도 이상할 건 없지, 그래, 그런 일이 일어날 리가 없잖아?

그 믿음을 박살 낼 듯한 기세로 저 멀리서 차 한 대가 나타났다. 차츰차츰 가까워지던 차는 내 앞에서 멈췄고 나는 그게 니키의 차라는 걸 직감했다. 차창에 반사된 뙤약볕이 내 얼굴을 비추자 가볍게 현기증이 일었다. 어지러움을 숨기며, 나는 차 문을 열고 내리는 작은 체구의 여자를 향해 최대한 수더분하게 인사했다.

"선생님, 만나서 반갑습니다."

니키는 선글라스를 벗으며 곧장 응수했다.

"잠깐, 이 얘기부터 하죠. 나는 그쪽을 가르친 적이 없어요. 나는 선생님이라는 말을 좋아하지 않고, 그렇게 부르면 나 역시 그쪽을 그렇게 대할 거예요. 대신 그쪽이 내게 반말을 하고 친구로 대한다면, 나도 그쪽을 친구로 대할 겁니다. 나는 친구가 좋아요. 어떠세요?"

대략 이런 맥락이었는데 정확하게는 잘 기억나지 않는다. 어떤 기억은 다른 기억을 선명하게 남기기 위해 흐릿해진다. 내가 거기에 뭐라고 답했는지는 정확하게 기억나는 걸 보면 말이다. 그 한마디를 고르는 찰나에 내 머릿속은 지나치게 복잡하고 또렷했다.

"그래? 그럼…… 그러자!"

그게 우리가 육성으로 처음 나눈 대화였다.

친구처럼 대해달라는 연장자들은 몇몇 있었다. 그런 제안을 함으로써 진보적으로 보이길 바라면서도, 내가 친구답게 무언가를 지적하거나 그를 동등하게 대하면 길길이 날뛰며 나를 손가락질하는……. 나는 앞뒤가 다른 인생 선배들을 좀 알았다. 그런 나더러 처음 만난 자리에서 스무 살이나 차이 나는 사람한테 말을 놓으라고? 더군다나 예술계에서 크게 대접받는 사람에게? 그건 선생님이라고 부르며 그의 말을 경청하는 것보다 훨씬 더 어려웠다.

하지만 왜인지 니키는 내가 반말을 하길 진심으로 바라는 듯 보였다. 그런 태도는 내 허영을 자극했다. 어려운 상대가 제안한 어려운 일을 해내고 싶은 허영, 멋진 사람과 어울리고 싶다는 허영. 덕분에 그날 나는 호기롭게 반말을 하면서 내 안에 박혀 있던 어떤 공손함의 증표들과 싸우느라 애썼다. 이따금 내 입에서는 자연스럽게 존대가 튀어나왔는데, 니키는 다소 너그럽게 모르는 척해주었다.

　　그때 니키가 정말로 너그러웠다는 걸, 이제는 안다. 몇 년 간 겪은바 니키는 칼같으니까.

　　나중에 내가 그 첫 만남의 모든 게 얼마나 진보적이었는지, 평어와 그 활용이 우리 사회에 어떤 의미인지 등을 구구절절 늘어놓자 니키는 심드렁하게 답했다.

　　"글 쓰는 애들은 뭐가 이렇게 맨날 복잡해? A는 A고 B는 B라고 받아들이면 돼. 너랑 나랑은 친구고, 그냥 그거면 된 거야."

　　우리가 친구가 된 뒤로 니키는 그의 입장에서 쓸데없어 보이는 걸 싹둑 잘라서 나를 자주 머쓱하게 만들곤 한다. 나는 복잡한 걸 좋아하지만 니키는 심플한 걸 좋아한다. 나는 과거를 좋아하지만 니키는 현재에만 산다. 나는 툭하면 망설이지만 니키는 툭하면 확신한다. 내가 좋아하는 건 니키에게 시시할 때가 많고 니키는 시시한 걸 참지 못한다. 지루하면 대놓고 하품을 하는 식으로 티를 내고, 틀에 가두는 걸 싫어해서 뭘 좀 이야기해볼라 치면 대화가 온 사방으로 튀어 나간다. 하지만 처음과 달라진 게 니키만은 아니다. 왜 이렇게 시원시원하지 못하냐며 니키가 나를 답답해할 때면, 나도 전과 달리 심드렁하게 답한다.

"나도 그게 됐으면 진즉 했지. 니키는 뭐가 이렇게 맨날 답답해? 도대체 사람들은 무엇 때문에 니키를 그렇게들 좋아할까? 이렇게 자기 마음대로고, 못돼먹었고, 이기적인데?"

그럼 니키는 천진하게 깔깔거린다. 자긴 못되고 이기적이라는 말이 좋다나? 참나…….

어쨌거나 니키와 처음 만난 그날은 영영 잊지 못할 것이다. 녹사평의 우체국 앞에서 니키는 나를 태운 뒤 내가 가끔 가던 한강진의 '모모'라는 카페—나중에 태오 형부가 키우는 거북이의 이름과 팬클럽의 이름이 모모라는 걸 알게 된 후, 나는 이 모든 게 어떤 계시처럼 느껴졌다—로 향했다. 거기서 해가 다 질 때까지 떠들었는데 무슨 말을 주고받았는지는 기억나지 않고 시간 가는 줄 몰랐던 것만 생각난다. 문득 배가 고파졌고, 자연스럽게 같이 니키의 집에 갔고, 거실에 작은 상을 펴고 앉아 형부가 차려주는 '황제 버섯 스테이크'를 먹고서는 그 집 거실 소파에 앉아서 새벽까지 이야기를 했던 것, 대화가 깊어지면서 울어버린 내가 속으로 망했다고 생각했던 것도.

좋은 분위기를, 멋진 사람과 친해질 수 있는 기회를 내가 다 망쳤구나.

아무렇지 않은 척했지만 그때까지도 나는 그 모든 일이 믿어지지 않은 나머지 벌벌 떨고 있었던 것 같다. 하지만 동시에, 그날 밤늦게 고요한 한강진 거리를 걸어 내려오면서 나는 그 만남으로 인해 무언가 달라졌음을 감지했다. 내 삶과 관련된 중요한 무언가가. 단지 그 이상한 느낌이 뭔지 알아차리기엔 지나치게 움츠러들어 있었던 나머지 나는 아마도 그날이 내 생의 몇 안 되는 이벤트로 남을 거라며 스스로를 위로했다.

그럴 필요가 없었음을 알게 된 건 한참 후의 일이다. 니키가 마음에 들어 한 건 내 글에 묻어 있는 나라는 사람과 그 사고방식이었으니까. 내가 타인이 입을지 모를 상처를 두려워하면서도 누구에게도 타협하지 못하는 구석을 갖고 살아왔다는 것. 하고 싶은 말을 하지 못한 채 여러 사람과 어울려 사느니, 차라리 혼자가 되더라도 결국은 질질 짜면서 자기 할 말은 해야 하는 기질이라는 것. 그런 나를 마음에 들어 하는 사람이 있으며 그 사람이 니키리라는 것……. 그 사실은 내가 운다고 망쳐지지 않았고 그로 하여금 진짜로 내 삶의 일부가 바뀌었다.

어떤 행동은 그 자체로 권유가 된다. 좋은 글을 보면 나 역시 글을 쓰고 싶어진다. 한 마리 새가 날면 온 사방의 새들이 함께 날고, 한 마리 개가 뛰면 모든 개가 뛰는 것과 비슷하게 말이다. 그처럼 원하는 걸 반드시 하고야 마는 니키, 단 한 순간도 허투루 쓰는 것 없이 자신의 삶과 자신의 요구를 긴급하게 받아들이는 니키를 볼 때마다 깨닫는다. 어쩌다 보니 나는 나에게 하고 싶은 걸 똑바로 마주 보며 살기를 권유하는 한 아티스트와 가까이 지내는 행운을 누리고 있다고.

그로 인해 나는 줄곧 우리의 첫 만남을, 정확하게는 과거의 나를 떠올린다. 매번 과거로 돌아가고야 마는 나를 보며 니키는 또 심드렁할지도 모르지만, 뭐, 나는 여전히 나다. 바뀐 건 이제 내가 꼭 니키처럼 니키에게 심드렁할 수 있다는 것이다. 그 사실이 마음에 든다. 우리가 정말로 가깝게 느껴지니까. 그러니까, 나는 변함없이 예술에 대해 아무것도 모르면서도 아무렇지도 않게 니키와 대화를 주고받는다. 우리는 심드렁하다가도 진지해지고 편안하다가도 신경이 곤두서고 눈물을 글썽이다가도 웃음을 터뜨린다. 삶과 사랑과 고독 같은 것에 대해 가볍게도 무겁게도 떠들어대느라 만나는 날마다 늦게 귀가한다.

이 모든 걸 미리 알았다면…… 과거의 나는 조금 안심할까?

그 애에게 이 책을 주고 싶다. 그리고 그보다 먼저, 그 애가 더는 자기 자신을 문제 삼지 않도록 해준 니키에게 이 책을 주고 싶다. 쓰는 내내 그를 온전히 담아보려 애썼음에도 그저 그 곁의 나에 대해서 조금 알게 되었을 뿐인 것 같지만…… 머쓱해하는 내게 그거면 이미 충분하다고 말해주는,

나의 친구에게.

2025년 6월

임지은

19	아티스트가 뭔데?	63	한국은 예술 말고 예능이 필요한 것 같아
21	싸가지 없는 아티스트		
25	아름다운 게 최고지	66	막상 하려니까, 씨발 떨려서 죽겠는 거야
28	예술, 무서워서 도망가고 싶기도 하고	68	오르가슴은 아닙니다만
		72	아티스트로 살다가는 인생 조질 것 같은 예감
31	그래서, 좋은 예술이 뭔데?		
36	좋은 아트는 다 shit이야	73	아닌 거 들통날까 봐, 너무 무서운 거야
38	예술은 벽에다 박아두는 못 같은 것		
		77	뽀록나면 어떡하지
		79	초코 같지만 전혀 초코는 아닌 짙은 고동색 아이스크림
40	나는 네 그림 별로야		
44	내 그림이 야하다고 하더라		
47	남자 성기를 그린 거라고 쳐	81	한 번도 사진을 사랑해본 적이 없어
50	정말로 그 그림이 좋았다고?		
53	좋은 작품을 알아보는 방법, 있기는 한가요	87	타협은 잘해 신념은 딱히 없고
		90	내 세계관을 만들어야 되는 거군
55	작업을 하는 사람이 되는 것과 잘나가는 작가가 되는 것	92	나는 쪽팔리는 게 제일 싫어
		94	말은 남자가 하고 실천은 여자가 했구나
57	생의 대부분을 머뭇거리면서		
60	예술가로서 무언가를 갖고 태어났는지, 아닌지	96	그 남자는 또 누구야
		99	남자가 사라지고 남는 것

100	혼자 시간을 보내는 문제를 해결하는 법	144	1초의 망설임
104	외로움을 가질 수 있는 환경에서의 외로움	145	나는 나를 지키는 것뿐이야
		147	도처에 죽음이 있었어
108	뉴욕 같은 외로움	149	행복에 내는 세금
		151	그냥 이 사람은 존나 급한 사람이라고요
112	매력은 어깨에 지고 가야 하는 십자가 같은 것		
		156	재수 없지만 성공하고 나서 공허해졌습니다
114	나는 고정된 상태가 아니야		
118	서로 무언가 해주려는 마음	157	목표가 없어서 행복합니다
121	"헤픈 여자네"	159	너네도 한번 늙어봐라
123	애정 행각	163	남편은 상관없어
124	띠띳히디먼 그민입니디	167	에홀 하고 잃아 있네
127	우리는 순간인가요, 지속인가요?	169	어린 남자가 자고 싶어 하는 여자
		171	인공적인 게 뭐 어때서
		173	입체적으로 못돼 처먹은 여자
131	죽음은 미장센이야	177	연애는 무서운 거지만
135	세상이 달라지더라도 예술은 그대로	179	모두가 조금은 개박살 나봐야 돼
136	각기 다른 남자와 엉겨 붙어 키스를 하고 있는 니키	182	예술가는 직업이 아니라 작업이야
		186	별거 없어도 개좋아
141	가끔은 정말 무서우리만큼 쿨해	188	아, 존나 명쾌하네

원래 매력이라는 건 쉽게 얻을 수 있는 게 아니야.

매력은 본인이 어깨에 지고 가야 되는 십자가 같은 거야.

아티스트가 뭔데?

임지은 아티스트라는 단어에 대해서 합의가 없네.

니키리 합의 없이 그 단어가 쓰일 때마다 좀 당황스러워. 내 경우에는 보통 아티스트라는 단어를 쓸 때는 좀 더 순수미술을 하는 작가들에 한정해서 쓰는 거 같긴 한데, 그게 또 그렇다고 그런 작업을 하는 사람들만 아티스트라는 건 아니야. 어렵네. 어떻게 설명해야 돼?

임지은 자매님, 우리가 이래서 친해요. 그냥 모두가 아티스트인 건 싫은 거잖아?

니키리 그렇지. 어디다 말하기가 껄끄러워서 그렇지, 무슨 개나 소나 아티스트냐? 아트가 그런 거니?

임지은 누구는 아티스트고 누구는 아티스트가 아니다, 라고 말하기는 참 어렵지. 그런데 또 그렇다고 누구나 다 예술가라고 할 수 있겠냐고. 아닌 건 아닌 거야. 누구나 예술가라는 건 아무도 예술가가 아니라는 거랑 똑같잖아. 모두가 특별하면 아무도 안 특별한 거지. 아무거나 다 예술이라고 해주면 그 예술이 좋은 게 되겠어? 그렇게 생각하는 게 예술에 대한 내 사랑이야. 요즘은 정말 여기저기에 다 갖다 붙이잖아…….

내가 웩, 하고 토하는 시늉을 하자 니키가 깔깔 웃는다.

니키리 그렇지. 누구나 예술가 기질은 가질 수 있어. 그 기질을 가지고 다른 것도 할 수 있지. 만일 셰프라고 쳐봐. 한 사람이 아티스트적인 기질을 갖고 셰프 일을 할 수도 있는 거야. 하지만 그렇다고 그 사람이 아티스트인 건 아니야. 아티스트와 아티스트적인 건 다른 거니까. 또, 재주가 많다고 아티스트가 되는 것도 아니야. 아티스트가 재주가 많은 거랑, 재주가 많다고 아티스트가 되는 거랑은 달라.

임지은 기질을 지녔다고 해서 조건을 다 충족하는 건 아니라는 거군.

니키리 응. 네 말대로 아티스트라는 단어에 대해서 합의가 없어. 아티스트는 작업이 좋고 나쁘고는 둘째치고라도, 나에게는 그들이 홀리해서 매력적이야. 아트를 할 수밖에 없는 숙명을 타고난 사람들의 홀리함이라고나 할까. 어떤 삶의 본질적인 원형을 보게 되는 홀리함이라고나 할까……. 내 생각에 재주꾼에게는 본질적인 아티스트의 신성함이 없어서 매력적이지가 않아. 아티스트도 물론 재주가 많을 수 있지만 그 원형 안에서 다재다능한 거랑 원형 없이 다재다능한 거랑은 달라.

임지은 니키 말대로면 아티스트 그래비티 같은 게 있나 보네.

니키리 그 표현 좋다. 아티스트 그래비티를 가진 사람은 어떻게 해도 예술 안에서 무언가를 하게 되는 거지. 반면 그 그래비티가 없는 사람은, 다재다능하더라도 중력 없이 아트를 픽업하는 거다 보니까 흩어져버려.

싸가지 없는 아티스트

임지은 그래도 내 생각에 마루야마 겐지는 아티스트 맞는 거 같아. 한번은 마루야마 겐지가 책에서 이렇게 말한 적이 있더라.

니키리 뭐라고 했는데?

임지은 '재능이라는 건 능력이 많은 게 아니라 그중 몇 가지가 압도적으로 결여된 거다.'

니키리 그 양반 말 잘하네.

임지은 니키 말대로 아티스트라는 게 '아트밖에 할 수 없음'이라면 그거야말로 압도적 결여지. 그거야말로 재능이자 아티스트 클럽 입장권이야.

니키리 하긴 나도 이것저것 다 하는 거같이 보일지는 몰라도 가만 보면 작업 말고 딱히 '하는' 건 없잖아. 내가 광고를 하길 해 뭐 다른 걸 하길 해……. 가끔 누가 불러내면 만나기나 하지.

임지은 또 막상 작업할 때는 완전 작업실에 틀어박히잖아. 지난번에도 작업실로 내내 출퇴근하더니만.

니키리 내 말이. 사람들은 내가 아무 일도 안 하고 힘든 건 하나도 모르는 것처럼 말하고. (억울하다는 듯) 너 알잖아, 나 성실한 거.

임지은 아티스트의 숙명이려니 해. 작업이라는 게 세상의 눈에 띄는 방식이 아니어서 그렇지.

니키리 근데 사실 별 신경 안 쓰이긴 해. 나야 노는 것도 잘 노니까.

임지은 말하다 보니까 갑자기 생각난 건데.

니키리 뭔데?

임지은 최근에 『사람들은 죽은 유대인을 사랑한다』라는 책을 읽는 중인데 말이야. 거기에서 유럽에 있던 유대인 예술가들이랑 지식인들, 샤갈, 막스 에른스트, 페기 구겐하임, 한나 아렌트같이 이름만 대면 알 만한 사람들이 제2차 세계대전이 끝난 뒤에 어떻게 되었는지 나오거든?

니키리 전쟁 이후에 다 뉴욕으로 가지 않았어?

임지은 응, 다 뉴욕으로 갔지.

책에 따르면, 당대 유명한 유대인 예술가와 시인, 지식인 들이 살아남을 수 있던 배경엔 미국인 배리언 프라이가 있다. 그는 목숨이 위험한 상황에서도 마르세유에 남아 적극적으로 나서서 유대인 예술가들을 미국으로 빼돌린다. 그런데 전쟁이 끝난 후 살아남은 이들 중 누구도 배리언 프라이에 대한 언급을 하지 않는다. 이를테면 배리언 프라이가 다른 유대인들을 도울 기금을 마련하고자 샤갈에게 작품을 하나만 기부해달라고 요청했을 때, 샤갈은 사인도 하지 않은 자신의 그림을 마지못해 건넨다……

니키리 사인 없으면 샤갈 그림도 똥값일 텐데?

임지은 내 말이 그거야. 유명한 유대인 아티스트들 상당수가 자기를 구해준 사람을 도와주기는커녕 아예 무시했다니까. 모르는 척하는 수준이 아니라 적극적으로 배척하는 것에 가까울 정도였어. 그런 게 도무지 이해가 안 가서 니키한테 좀 물어볼까 싶었어. 그 아티스트들 왜 그런 거야? 내가 아티스트가 아니라 이해를 못 하는 거야?

니키리 그냥 싸가지가 없는 거지 뭐.

임지은 뭐야. 명쾌하네.

니키리 사실…… 많은 아티스트는 성공해도 그냥 자기가 잘해서 그런 줄 알아.

임지은 다른 사람 덕이어도?

니키리 응.

아름다운 게 최고지

임지은 또 결여야. 지긋지긋하게 완전한 재능이네.

니키리 내가 그랬잖아. 예술 하는 애들 보면 진짜 자기밖에 없는 애들이 대부분이라니까. 완전 미^{me}미^{me}미^{me}.

임지은 니키도 미미미잖아. 그게 아름다울 미$_美$ 자라서 그렇지.

니키리 아름다운 게 최고지.

스스로를 탐미주의자라고 말할 정도로 니키는 아름다운 걸 못 참는다. 아니, 정확하게는, 아름답지 않은 걸 도무지 못 참는다……. 니키의 작업실엔 커다란 창이 있고, 우리는 육포와 포도와 한과를 배 터지게 먹으면서 함께 해 지는 풍경을 바라본다. 바깥에는 남산타워가 보이고, 겹겹이 서 있는 주택들의 담벼락이 노랗게 물들고 있다.

임지은 아름답다.

니키리 작업실 잘 잡았지.

◎ 나는 정말이지 아름답고 멋진 걸 사랑한다. 하지만 동시에 모든 게 다 꼴값이군 중얼거리기도 한다.
나는 너무나 가치 있는 것들을 소중히 여기고 아끼지만 동시에 막 개똥아 부르듯이 마구마구 함부로 하고 싶기도 하다.

니키리

예술, 무서워서
도망가고 싶기도 하고

작업실 구석에는 정방형의 캔버스들과 키가 큰 이젤이 있다. 니키는 젯소칠 중인 캔버스를 가리켰다.

니키리 안 그래도 내가 페인팅을 시작하려고 하잖아. 그때 저 캔버스 보면서 생각했어. 아니, 어떡하지? 시작도 하기 전에 페인팅이 재미없네?

임지은 아직 시작도 안 했는데?

니키리 내 말이. 시작도 전인데 페인팅에는 더 이상 새로울 게 없다는 생각이 드는 거야. 나는 개념적으로 어긋나고 벗어나는 지점을 만들거나 찾는 데 재미를 느껴왔잖아. 개념을 붙여가면서 뭔가를 만들고, 작품과 조금 떨어진 채로 보면서 '오, 이건 이 사고를 이렇게 표현했어?' 하는 쾌감을 느끼고 말이야. 그런 것에 익숙하다가 정공법인 페인팅에 접근하려니 '나는 뭘 해야 하지?' 싶은 거야. 철학적으로 접근하려고 해도 이미 과거의 누군가가 다 해버린 거 같은 거지. 사실 그건 상관없어. 그게 현대미술이니까.

그럼에도 페인팅을 한다, 로 돌아갔을 때, 결국 내게 페인팅은 몸을 써서 그림을 그린다는 것만 유의미하게 남는 건가 싶었어.

임지은 그린다, 가 움직임이다?

니키리 그렇지. 그림 그리는 행위에는 내 몸 에너지가 들어가니까 '나의 에너지로 그린다'는 정공법적인 의미만 남은 거 같다 해야 하나. 유기체 같은 내 감정이 캔버스에 담긴다는 건, 지적 유희나 컨셉추얼한 것이라기보다는 신체적인 무언가에 가깝게 느껴져. 진짜 말 그대로 나의 스태미나에 가까운 '에너지'인 거야. 뭐랄까, 샤머니즘처럼 그림을 그릴 때 내 모든 걸 사용하는 거지. 물론 그리면서 내가 뭘 느낄지 그림이 어떻게 될지는 나도 아직 안 해봐서 몰라.

지금 내 입장에서 페인팅에서의 핵심이 컨셉추얼한 건 아니라고 느껴지다 보니, 그렇다면 진짜 승부는 콘셉트보다는 정공법에서 오는 걸 텐데, 그게 무서우니까 비겁한 생각으로 나랑 안 맞는 건 아닐까 하고 도망가고 싶기도 하고……. 그런 점에서 페인팅이 나한테는 재미없을 수도 있겠다 싶었어. 어쩌면 내가 못하는 영역이 아닐까 싶은 생각일 수도 있고. 엄청 어려운 거구나, 나한테는 재미없을 수도 있겠다 싶었어.

임지은 그게 니키가 생각한 페인팅의 정수군······.

니키리 만일 내가 매일 구도자처럼 무릎이 닳도록 그림을 그린다고 쳐. 바위에 물이 한 방울씩 떨어져서 결국 구멍을 내듯이 그렇게 페인팅을 한다고 쳐. 나 그런 작품 좋아하고 아름답지만, 그렇지만······.

니키는 상상하니 어처구니없다는 듯 웃었고 나도 무릎이 닳도록 수련하는 니키를 상상하며 같이 웃었다. 그렇게 무언가를 참고, 인내하는 니키라니. 그런 걸 상상하기엔, 지난 5년간 나는 니키가 뭘 못 참고 일을 저지르는 걸 너무 자주 보았던 것이다······.

임지은 확실히 니키가 그런 구도자 느낌은 아니야. 거기다 이미 그런 페인팅은 한참 동안 흥해왔잖아. 윤형근 작가 좋아하는 나로서는 흥해서 좋긴 좋았지만······. 프랜차이즈 사업은 흥할 때 들어가면 안 되지. 근데 어떤 사람들은 그런 그림 보고 저런 건 나도 그리겠다고 하더라.

니키리 선 하나만 그어도 멋진 작가들이 있지. 무식한 애들이 나 그런 작업 앞에서 '나도 그릴 수 있겠다' 하는 거야. 그 선 하나가 매일 작업실로 출근하고, 매일 머리로 몸으로 그리고, 그 짓을 반복해야 생기는 압도적 힘인데. 그건 세월이 농축된 에너지란 말이야. 나는 그런 건 못 하겠지만.

임지은 거기서 아우라가 나오고, 그런 아우라가 나를 깔아뭉개면 또 재밌고.

니키리 아무튼 이미 흔한 것이기도 하고, 굳이 성향도 다른 내가 그런 작업을 할 이유는 없고. 하면 또 해보겠는데 그게 내 몫 같지는 않아. 그럼 내가 할 수 있는 페인팅이 뭘까 생각하다가 이 시점에서, '요즘의 좋은 페인팅이란 무엇일까?' 하는 의문을 가져봤어.

그래서,
좋은 예술이 뭔데?

임지은 좋은 페인팅이 뭐 같은데?

니키리 처음엔 꼬리에 꼬리를 물고 좋은 페인팅이라는 건 예술적으로 무슨 의미를 지닐까 생각하다가, 문득 그 답이 뭐든 간에…… 일단 구분을 잘해줘야 하는 거 아닌가 했어.

임지은 어떤 구분?

니키리 인테리어 페인팅과 진짜 리얼-파인아트.

임지은 와, 미쳤어. 개공감.

니키리 요즘 한국에서 눈에 띄는 그림 대부분은 인테리어 페인팅인 거 같거든. 나는 그걸 우습게 생각하지 않아. 좋은 집에다 그림 멋지게 걸어놓고 싶을 수도 있는 거고, 구매자에게 그런 마음을 불러일으켜서 돈 많이 버는 작가들도 대단해. 단지 내가 나쁘다고 생각하는 건 그거를 파인아트로 뭉뚱그리는 거야.

니키리 (거의 동시에) 그건 나쁜 거지!
임지은

니키리 인테리어 페인팅은 거기 맞게 대우해주면 되지 왜 같은 대우를 하고 또 그걸 원하느냐고.

임지은 속 시원하네. 나는 경계를 허물고 이것저것 섞어보는 새로운 도전도 좋아해. 그게 현대성 아니겠어? 그렇다고 서로 다른 걸 다 똑같이 취급하고 대우받으려는 건 그냥 파괴에 가깝지. 뒤샹처럼 제대로 전복시켜서 다 같이 얻어내는 게 있는 것도 아니고 말이야.

니키리 누구는 이런 말 하면 내가 서열 따지는 거 아니냐고 하더라. 내가 언제 순위 놀이 하재? 순위를 두는 일에는 관심도 없어. 그냥 인테리어 페인팅과 파인아트는 다르다, 다른 건 다르다고 구분하자는 거지.

임지은 근데…… (조심스럽게) 이런 말 하면서도, 솔직히 내 안에서 어쨌든 순위를 매기게 되는 거 같기는 해.

니키리 그걸 순위로 둘 필요가 있나, 다른 장르인데?

임지은 순위를 매길 필요는 없는데, 그 둘 중에 내게 더 '호'인 건 있다는 거야. 솔직히 내 안에선 '어디 감히 그걸 갖다 붙여?' 하고 코웃음 쳐. 인테리어 페인팅을 한다고 다 돈을 잘 버는 건 아니지만 어쨌든 대놓고 시장을 내세우잖아. 시장처럼 구매자의 니즈가 가장 중요한 곳에서 생산자가 어떻게 하고 싶은 작업만 해? 그런데 파인아트는 시장의 요구를 못 맞춰서 불행해진다고 하더라도, 어쨌거나 판매보다는 자신의 자율성을 가장 우선순위로 두는 사람들이 있는 곳 아니야? 그게 제일 중요하니까 돈 못 벌어도 굳이 그 바닥에 있는 건데 그게 어떻게 같겠어. 각자의 우선순위가 다르잖아. 아니, 다 됐고, 돈 못 버는 게 태반인 사람들이 그나마 기대려는 부분까지 다 뺏어 가야 돼?

니키리 파인아트 작가들 중에 돈 버는 사람들도 있지. 상위 몇 퍼센트. 근데 그렇지 않은 대부분의 작가는 돈도 못 벌고 그냥 자기 뼈와 피를 갈아 넣어서 만들잖아. 그래서 명예를 얻는 거잖아, 파인아트는.
아니다, 사실 명예를 가지기도 힘들다. 명예를 가지면 돈도 벌 테니까. 뭐랄까, 아티스트들은 돈이든 명예든 있음 좋겠지만 그걸 바라고 한다기보다 그냥 아트밖에 못 하고 그래서 홀리함을 가진다고나 할까? 아무튼 그 홀리함까지 가져가려고 하는 건 구리다는 거야. 리스펙은 이쪽에 줘야지.
(생각해보니 확 짜증 난다는 듯이) 그리고 호불호는 있지 당연히. 난 인테리어 페인팅 싫어. 이건 순위 이전에 그냥 내가 싫은 거야. (본인도 말하고 웃음이 터진다.)

임지은 (웃음이 터진 채로) 바로 그거야. 내 말은, 파인아트니 인테리어 페인팅이니 굳이 다르다고 말하는 우리 같은 애들은 기본적으로 급을 나누고 있다는 거지. 호불호가 이미 여기(가슴을 가리키며) 있으니까. 니키가 말한 그 마음 상태가 기반이라는 거야. 나는 그건 인정해.

니키리 (아직 웃겨 하면서) 그럼 호불호를 순위라고 할 수 있나?

임지은 그게 뭐 1위, 2위 이런 거 같진 않은데, 그럼에도 이게 내 안에서 언제나 앞선다, 이게 더 아름답고 좋게 느껴진다, 라는 점에서…… 순위에선 늘 앞서는 셈이지.

니키리 그래, 그 순위는 있을 수 있지. 맞네 맞이. (웃음)

임지은 다양성을 중시하면서 사람들이 모든 장르를 동등하게 여기려고 하는 게 있잖아. 근데 나는 그 구별이 너무 중요해. 그게 나야. 급을 나눈다고 해도 할 말 없어. (웃음)

니키리 아무튼 인테리어 페인팅 하는 작가들까지 뭉뚱그려서 똑같이 리스펙을 해줘버리면, 먹고살기 힘든 애들은 억울하고 짜증나지 않겠어? 거기에 대해서는 누구도 얘기를 하지 않아. 후진 작품은 후지고 멋진 작품은 멋지다고, 이건 인테리어 페인팅이고 저건 파인아트라고 얘기해주던 크리틱들 다 어디 갔나 몰라.

좋은 아트는 다 shit이야

니키리 내가 최근에 대웅이 전시를 다녀왔잖아. 이번에 봤지? 걔 그림.

임지은 응. 시간 나면 나도 전시에 갔을 텐데. 인스타그램으로만 봐도 좋더라.

니키리 야, 말도 마. 남대웅 진짜. 전시 가자마자 내가 대웅이한테 그랬다. "야, 너 이래가지고 컬렉터가 네 그림을 사고 싶겠어? 그림이 축축하고 그늘지고 슬프고, 집에 이 그림이 걸려 있기만 해도 온 집 안이 축축하겠네. 이딴 그림을 누가 사 도대체?" 다른 사람은 몰라도 나는 대웅이랑 친하니까 이렇게 얘기할 수 있지.

임지은 아니, 남의 전시 가서 그게 무슨 저주야? 그리고 내가 지난번에 잘못 들었나? 자매님, 그 그림 사셨다면서요……? 그것도 형부 생일 선물로 사 줬다고 하지 않았어?

니키리 그러니까. 바로 그거야. 좋은 아트고 좋은 페인팅이라고 생각해서 산 거야. 그리고 태오는 아트를 알고 좋은 페인팅에 환장하는 놈이니까 잘 산 거지. 좋은 아트는 다 에너지가 축축하거나 기가 엄청 세. 싯^{shit}이야 싯. 에너지가 샤방샤방 좋을 수만은 없어. 아티스트들이 얼마나 괴롭냐. 그거 다 캔버스 위에다가 구토한 건데.

샤방샤방한 건 인테리어 페인팅이고 구토한 건 아트야. 세계적으로 유명한 작가 D 있잖아. D가 최근에 꽃을 그린 페인팅 보고 딱 이 생각이 들더라. '아, 팔려고 그렸구나?' 나라면 그 페인팅 절대 안 사. 물론 돈이 없어서 못 사지만…… 그 작품은 그냥 샤방샤방한 게 다야. 단순히 눈으로 봤을 때 샤방샤방하다고 문제 삼는 건 아니야. 내가 말하는 건 에너지야. 겉으로 봤을 때 샤방샤방해 보여도, 아트는 풍기는 에너지가 샤방샤방할 수 없어. 그걸 못 느끼는 사람은 있을 수 있겠지. 예술을 누구나 바로 다 느끼는 건 아니니까. 그렇다 해도 아트에 구토가 있다는 사실은 변하지 않아. 반면 인테리어 페인팅은 그렇지 않지. 그래서 집에 걸 수 있는 거야. 그런 그림은 인테리어에 어긋나기는커

넝 인테리어를 도와주니까.

예술은 벽에다 박아두는
못 같은 것

임지은 오, 이게 같은 건지는 모르겠는데, 내가 글 쓰려면 '좆까'를 품어야 된다고 맨날 강조하거든? 무조건 남들한테 좆까를 외치라는 건 아니지만 내 안에서 어떤 게 남들과 어긋나면 그걸 소중히 해야 하잖아. 그게 없으면 자꾸 남들한테 샤방샤방 아첨하고 싶어지니까.
무엇보다 중요한 건 각을 만드는 거지. 글쓰기 수업 할 때 밝은 글은 밝기만 할 필요는 없고, 슬픈 글도 슬프기만 할 필요는 없다고 말해주거든. 사람들은 강조할수록 강해진다고 생각하지만, 실은 강조할수록 단조로워지잖아. 오히려 서로 다른 게 같이 있을 때 각이 생기고 거기에 사람들이 걸려 넘어지니까.

니키리 그런 게 내가 말하는 거랑 비슷할 수도 있겠다. 네 말대로 각이 있어야 되는데 인테리어 페인팅은 그렇지가 않아. 그래서 집에다 멋지게 걸 수 있는 거야.

임지은 어쩌면 아트는 벽에다 걸어두는 페인팅이 아니라, 벽에다 박아두는 커다란 못에 가까운 거겠다. 거기에 누구라도 걸려 넘어지거나 다치거나 올이 나가도록 하는 게 목적인 못 말이야.

니키리 임지, 무슨 일이야. 그 표현 너무 좋은데?

나는 어깨를 으쓱해 보이는 식으로 내 안에서 솟아나는 뿌듯함을 감추려고 애썼다. 그런 뿌듯함이란 타인이 나를 인정해줄 때, 정확하게는 내가 인정한 사람이 나를 인정해줄 때만 불쑥 터져 나오는 것이었다. 평소 니키와 나는 허물없이 지낸다. 그러나 종종 이런 기쁨을 느끼는 내 모습을 통해, 나는 니키가 나를 짓누를 만큼의 성취를 이룬 사람이란 걸 새삼스레 떠올렸다. 니키와 이견이 겹칠 때마다, 그의 것과 비슷한 대단함이 내게도 깃들어 있을지 모른다는 기대가 은밀하게 자라났다. 내가 예술에 대해 나름의 의견을 갖고 있으며, 그 의견이 일치하는 사람을 만났는데, 그 사람이 나와 가깝게 지내는 데다 심지어 니키리라니!

    그리고 같은 이유로 나는 자주 불안해졌다. 우리의 의견이 늘 일치하지는 않았기 때문이다.

나는 네 그림 별로야

내가 니키의 의견에 무작정 따르는 건 또 아니었다. 타인의 성취에 감탄할지언정 짓눌리고 싶지는 않은 마음. 대단한 사람을 닮고 싶은 한편 온전히 내 것인 대단함을 갖고 싶은 마음. 그런 마음들로 인해 나는 내 의견을 지키고 보는 편이었다. 우리가 만나기 전날, 니키가 내게 카톡으로 그림을 보냈을 때도 역시 그랬다. 니키는 그 그림이 뉴욕에서 지금 잘나가는 흑인 페인터의 그림이라고, 네가 보기엔 어떻냐고 의견을 물었다. 그 그림을 두고 니키와 나의 의견은 자못 팽팽하게 갈렸다.

그런데 말입니다…….

니키리 너한테 고백할 게 있어. 사실 그거, 내 작업이야.

무언가가 잘못되었다는 예감이 스멀스멀 덮쳐왔다.

니키리 처음엔 내 작업이라고 알려줄 생각으로 사진을 찍어 보냈어. 근데 문득 너한테 뻥을 좀 쳐봐야겠다 싶었어. 마침 네가 답장도 좀 늦었고 그 덕에 네 답장이 오기 전까지 여러 생각이 들었거든. 내 그림이라고 밝히면 어쩐지 너한테 솔직한 반응이 안 나올 것 같은 거야.

너도 미술 전공으로 아카데미를 쭉 거쳐왔잖아. 어쩐지 그런 사람이라면 내 그림을 보고 분명히 좋은 소리가 안 나올 거 같은데, 네가 워낙 사람한테 싫은 소리도 잘 못하고 마음을 쓰는 편이다 보니 나를 배려한답시고 네 속마음을 말 안 할 거 같았다고 해야 하나?

니키는 원래는 중간에 밝히려 했는데 막상 얘기가 길어지고 타이밍도 애매해져서 오늘에야 말하게 되었다면서 장난스럽게 웃었다. 오히려 이참에 우리끼리 재밌게 이야기할 수 있을 거 같다는 거였다.

  니키의 첫 작업은 피부가 검은 남자의 손가락 같기도 하고, 또 어떻게 보면 남자의 성기 같기도 한 형상이 그려진 작은 그림이었다. 니키는 그 그림을 꺼내 외 보여주면서 작업을 마친 자신의 감상을 말해주었다.

니키리 내 그림이 야하고 섹슈얼했으면, 보는 사람이 꼴렸으면 좋겠더라고. 내 머릿속에는 내가 선보이고 싶은 완벽한 이미지가 있었지. 단지 그림을 처음 그려보니까 당연하게도 절대 내가 원하는 이미지대로는 안 되더라고. 그래도 해내야겠다는 마음밖에는 없었어. 페인팅 스킬이 부족해서 그런지 오히려 내가 할 수 있는 모든 걸 다 동원하게 되더라. 내 마음이 동하는 데까지 가보자, 이 생각만 하고 그렸더니 다섯 시간이 훅 지나갔어. 나중에는 스킬이고 나발이고 신경 쓰이기는커녕 다 까먹었어, 너무 재밌어서. 그렇게 완성이 되었는데, 두 가지 감정이 들더라.

임지은 무슨 감정이 들었는데?

니키리 엄청 창피해지면서, vulnerable해지면서 걱정이 됐지. 와, 정말 형편없다. 누가 보면 비웃겠네. 어떡해, 이렇게 조악한 그림이라니! 아무도 내가 그린 걸 그림으로 쳐주지도 않을 거 같아서 무서웠어. 한편으로는 내 그림이 매력적이라는 이상한 확신이 들더라. 스킬은 형편없지만 이거야말로 내가 원하던 그 이미지인데? 좋은데? 나름 느낌 있는데? 누군가는 알아보겠는데? 하고 말이야.

무슨 아수라 백작같이 나의 절반은 좋다고 하고, 다른 절반은 안 좋다고 하고. 보통 이런 식이면 내 성격상 처음부터 내 감각을 믿었을 텐데 이번엔 자신이 없더라. 웃기지. 남의 작업엔 오만 말 얹고, 기다 아니다 명확하게 잘만 얘기해왔으면서 정작 자기가 그린 그림에 대해서만큼은 자신이 없어진다는 게 말이야. 만약에 내가 미대를 나왔고 미대 수석 졸업이고 하면, 하다못해 그리는 일에 익숙하기라도 했으면 '오, 좋잖아? 나 진짜 잘하잖아?' 하고 자신만만했을지도 모르지.

그런데 나는 작업은 했어도 그림을 그리는 쪽으로는 무지렁이잖아. 내 눈에 매력적으로 보인대도 만일 나 혼자서만 내 그림이 좋다는 거면 어떡해. 못 그려놓고도 자기 혼자 좋다고 자위하고 있는 거면 흉하잖아? 그러니까 누가 와서 "이야, 이거는 아트네!" 해주면 "거봐, 그렇지?" 하고 나도 자신감이 생길 거 같은데, 반대로 그 사람이 "야, 이거 무슨 유치원생 그림이냐?" 하면 무너질 거 같기도 하고.

결론적으로 나는 남의 말이 필요했어. 그렇다고 이렇게 중요한 걸 길 가던 아무개한테 물어볼 수도 없으니 내가 아는 몇 명에게만 그림을 보낸 거야.

니키는 단 네 명에게만 자신의 그림을 보냈다고 했다. 그중 한 명은 평소 말을 시원시원하게 하는 유명 평론가였고, 한 명은 세계에서 가장 돈 많은 갤러리에서 일하는 사람이었으며, 한 명은 뉴욕과 한국을 오가며 오랫동안 페인팅을 지속해온 작가 W, 그리고 나머지 한 명이 바로 나였다. 왜 하필…… 나였을까?

니키가 처음으로 그린 그림이 궁금하지 않은 건 아니었다. 아티스트 니키리를 좋아하는, 그러니까 오래전부터 니키의 작업을 무척 좋아해왔던 사람 중 하나로서, 나는 니키가 페인팅을 해보고 싶다고 했을 때 누구보다 앞장서 찬성했다. 무엇보다 니키는 내가 사랑하는 친구였으므로, 나로선 친구가 새롭게 작업을 시작해보겠다고 팔을 걷어붙이는 걸 기대하지 않을 도리가 없었다. 니키가 그림을 보내주고 싶어 한 소수의 사람 중 내가 있다는 게 기쁜 것도 물론이었다. 하지만……

임지은 그…… 나는 그 그림이 별로라고 그랬잖아.

문제는 내가 니키의 그림이 완전히 별로라고 말했다는 사실이었다.

내 그림이 야하다고 하더라

앞서 말한 카톡을 한 날로 돌아가자면, 니키는 내게 보낸 그 그림이 자신이 작업에 쓰려는 것과 같은 질료를 쓴 그림이라면서 매력 있지 않느냐고 물었다. 나는 잘 모르겠다고 답했다. 니키는 그 그림이 센슈얼하게 느껴진다 했고, 나는 조악함만 느껴진다고 했다. 우리의 카톡은 계속해서 그런 식이었다.
  니키는 그 그림이 스킬이 부족해도 자기의 고유한 세계를 구축한 유니크한 페인팅이라고 했다. 예술이란 무엇인지 본질만 남기고 보는 게, 중요하다고 믿는 가치를 전복시키는 게 현대예술의 중점이라는 것이었다. 그런 게 '배드 페인팅'이 '굿 아트'가 되는 지점이라고 했다. 니키에 따르면 잘 그린다는 개념 자체를 포함해 어떤 정의와 틀을 고집하는 거야말로 현대예술이 비웃는 태도일 수 있으며, 그 틀들을 아예 버리고 작업을 보는 거야말로 현대예술을 대하는 알맞은 자세였다.

니키는 자신이 페인팅 전공이 아니기에 스킬과 관련한 내면의 기준을 가지지 않았고, 그렇기에 조악한 그림일지라도 더 풍부하고 매력적으로 느낄 수 있도록 감각이 열려 있는 거 같다고 했다. 아카데미를 거쳐 테크닉이나 스킬 등을 오래 공부한 나 같은 사람은 자신이 쌓아오고 신뢰해온 것에서 자유로워지기 어렵기 때문에, 오히려 기준에 못 미치는 걸 혐오하게 될 뿐 열려 있기 힘들 수 있디고도 덧붙었다.

반면 나는 아무리 봐도 그 그림이 조악함 이상으로는 보이지 않는 게 핵심 문제라고 했다. 내가 그렇게 본다고 그 그림이 나쁜 그림이 될 순 없다고 생각했지만, 그렇다고 니키의 느낌만으로 그 그림이 좋은 그림이 된다는 것 또한 납득할 수 없었다.

나는 스킬 따윈 전혀 없는 조악한 그림에서도 좋음을 느낄 수 있는 그런 태도가 예술의 창작자에게도 향유자에게도 더 유리할 거라고 인정했다. 누군가는 니키가 보듯 그 그림을 매력적으로 볼 수는 있을 거라고도. 그러나 그건 내가 그 그림의 매력을 실감하는 것, 그 그림이 좋은 그림이 되는 것과는 전혀 다른 문제였다. 내가 스킬만을 중요하게 여기는 건 결코 아니었고 말이다.

결국 니키는 열려 있는 감각을 말했지만, 그 감각이 자신의 주관적 느낌에 그친다면 꼭 벌거벗은 임금님같이 느껴질 뿐이지 않나?

그런 질문이 내 머릿속에서 떠나지 않았다. 동시에 나는 아카데미에서 배운 걸 무가치하게 여기는 식으로만 현대예술이 논해져야 한다면 무척 찝찝한데, 그 찝찝함이 니키 말마따나 내가 미대를 거친 탓에 어느 퀄리티 이하를 못 참게 된 혐오에서 비롯된 건지, 정말로 그 논의 자체가 갖고 있는 찝찝함 때문인지 모르겠다고 했다.

카톡이 주는 한계를 감안하더라도 그날 대화는 우리 둘이 일치하지 않는다는 걸, 둘 다 자신의 의견을 굽히지 않는 사람이라는 걸 보여주었다. 그리고 무엇보다 중요한 건 이것이었는데, 나는 대놓고, 또 집요하게 니키의 그림이 별로라고 말했던 것이다…….

하지만 어쩐지 니키는 개의치 않는 듯 보였다. 작업을 시작한 뒤 본 니키의 얼굴은 평소보다 더 활기차다 못해 아름답게 보일 정도였다. 나는 민망해하는 동시에 조심스럽게 다른 사람들은 뭐라고 했는지 물었다. 니키는 기다렸다는 듯 말을 쏟아냈다.

니키리 평론가는 보자마자 내 그림이 야하다고 딱 꼬집더라. 걔는 내가 구현하고 싶었던 뉘앙스를 바로 알아보더라고. 워낙에 감이 좋고 그림도 많이 보는 애니까. 갤러리에서 일하는 애는, 글래드스턴 갤러리에 있었고 이래저래 해외 작품도 많이 보는 데다 일 때문에라도 작가들 많이 만나고 그러는 앤데, 걔도 너무 좋대. 한국 작가가 이런 방식으로 에로틱하게 그리는 걸 자기는 못 봤다고, 이대로 쭉 했으면 좋겠다고 하더라.

니키가 신나서 그들의 대단함을 말할수록, 나는 내 발언의 민망함은 둘째 치고 나 자신의 후짐이 선명해지는 기분이 들었다. 글 쓰는 나를 제외하고는 모두가 예술을 잘 아는, 현재 그 씬에 있거나 활리기는 사람들이었다. 그들의 판단은 내 판단보다 훨씬 더 근거가 있지 않을까?

니키리 내 그림 보면 너 말마따나 진짜 형편없잖아.

나는 움찔하는 걸 들키지 않으려고 괜히 발가락 끝을 보면서 딴청을 피웠다. 내 속을 아는지 모르는지 니키는 작가 W에 대한 이야기로 넘어갔다.

남자 성기를 그린 거라고 쳐

니키리 그와 관련해서는 W 얘기를 해봐도 좋을 거 같아. 솔직히 나는 W한테 내 그림을 보낼 때가 제일 긴장됐거든. 그런데 그림을 보내고 나니까 W가 묻는 거야. 이게 첫 번째 페인팅이냐고.

임지은 왜? 뭐라는데?

니키리 이렇게 그릴 거라곤 전혀 생각을 못 했대.

W에 대해서는 나 역시 이미 알고 있었는데, 니키가 이전에 갑자기 W의 홈페이지를 보낸 적이 있어서였다. (니키는 종종 별다른 설명 없이 기사나 영상을 보내준다.) 내가 그림이 멋지다고 하자, 니키는 내가 분명히 W의 작업을 좋아할 거라 확신한다고 했다.

니키리 W는 좋은 그림을 분별할 수 있는 사람이지. 걔 보는 눈은 내가 믿거든. 걔가 그러더라. "누가 보면 이 그림을 형편없고 조악하다고 할 수도 있어. 하지만 스킬이 형편없어서, 바로 그래서 이 그림이 멋진 거야."
이게 뭐 남자 성기를 그린 거라고 쳐. 테크닉적으로 잘 그려진 성기 하나가 있으면 정말로 조악해져서 눈 뜨고 못 봐줄 거라는 거야. 그건 아트가 아니래. 오히려 조악한데도 드러나는 좋음으로써 그 그림이 아트라는 게 증명된다는 거지. 보통 많은 사람이 뭐 저 정도쯤이야 나도 하겠는데, 하잖아. 내 그림 같은 거 보면 더 그런 생각이 들겠지.

하지만 잘 그려내는 스킬 같은 건, 자기가 나를 붙잡고 1~2년만 가르쳐줘도 어느 정도까지는 끌어 올릴 수 있대. W는 미대에서 애들도 가르치고 하니까. 그렇지만 가르치면 가르칠수록 아무리 노력해봤자 도달할 수 없는 지점, 타고나야만 가능한 지점이 있다는 생각이 든대.

오히려 W는 걱정했대. "누나는 물론 좋은 작업을 해왔지만 그림은 또 다른 영역이잖아. 캔버스 위는 진짜 그 사람의 본질적인 잠재력이 드러니니까. 사진은 조금 속일 수 있고, 영화도 어떻게든 한다고 해도, 이거는 그냥 답이 없는 도화지라서"라고 하더라.

친한 누나가 10년 만에 큰 용기를 내서 작업을 시작하는데, 심지어 공신력 있는 아티스트인데, 만일 그가 그린 그림이 별로면 그 사람에게 별로라는 말을 해야만 할 테니까 말이야. 내 그림이 사실 안 좋을 가능성이 너무 크겠다고 생각한 거지.

그래서 W는 그림을 보고 속으로 씨발, 했대. 이 사람은 타고났구나, 이 누나는 그냥 앉아서 그리면 아트가 되는구나 싶어서 너무너무 반갑고 귀하다고 생각이 들면서 부럽기도 했대.

자기한테 있어서 능력은 자기를 객관화하는 거라고 하더라. 객관화해서 자기를 볼 수 있어서 아트가 좋대. 자기는 그림을 그리면서 나아가는 과정이 좋아서, 넓어지고 열리는 느낌이 재미있어서 계속한대. 그리고 만약에 지금까지 아트를 해오지 않았다면, 이런 상황에서 내게 꼰대 소리만 하고 말았을 거라더라. 죽도록 노력하면서 그림을 그려온 만큼, 내 그림 같은 걸 보며 "그게 무슨 그림이냐, 그림은 이렇게 그려야지" 같은 말을 하는 사람에서 멈췄을지도 모른다고. 누나 그림을 알아볼 수 있는 사람이 되어 있는 건 그래도 자기가 계속해서 아트를 해왔기 때문이래.

정말로 그 그림이
좋았다고?

듣고 보니 W는 대단한 걸 넘어 무척 멋진 사람이었다. 나는 W의 태도에 감명받은 동시에 내심 안도했다. '다행이야. 니키의 아무렇지 않음은 다 이유가 있었구나…….' 이런 사람들이 니키의 그림에 대해 좋은 평을 해주었으므로, 내 판단은 니키에게 별다른 상처를 주지 않았을 것이었다.

하지만 한편으로는 삐딱함이 올라왔다. 그런 사람들은 다 알아보는 걸 나 혼자만 못 알아봤다는 건가? 아니, 내 말 따위는 아무 영향력도 갖지 못할 그런 말인 건가?

어쩌면 나는 내심 누군가 니키의 그림이 별로라고 말하길 바랐는지도 모른다. 나 혼자만 후지다고 말했다는 건 나 혼자만 니키를 공격하는 사람이 되는 것이기도 했다. 나는 친구의 마음을 다치게 하는 사람이 되는 게 싫었고, 나 혼자만 그런 사람으로 남는 것은 더더욱 원치 않았다. 동시에, 나는 나 혼자만 무언가를 못 알아봤다는 걸 참을 수 없었다. 그런 게 내가 후지다는 증거처럼 느껴졌기 때문이었다. 나는 내가 후져지느니 차라리 친구의 작품이 별로이길 바라는 사람이었다.

무엇보다 나는 정말로 그 그림이 별로라고 생각했으므로, 내 안에서는 의구심이 자라났다. 니키에게 오직 나 혼자만 거짓말을 하지 않은 게 아닐까? 그 사람들은 그냥 니키가 친구라서, 친구가 상처받을 수 있는 진실을 말하지 않은 건 아닐까? 그저 니키가 이미 현대미술에서 대단한 결과물을 낸 적이 있다는 것에 짓눌려 그렇게 말한 게 아닐까? 꼭 벌거벗은 임금님같이?

정말로 그 그림이 좋았다고?

니키리 내 생각에 아트에는 여러 영역이 있는 거 같아. 우선은 스스로 타고났다고 여기지는 않지만, 오랫동안 노력하고 기술적으로 잘 그려내고 이론적으로 잘 만들어서 생겨나는 경이로움의 영역이 있는 거 같고. 아티스트로 타고났으면서도 개념적으로도 기술적으로도 대단한, 보통 우리가 뮤지엄에서 만나게 되는 그런 작가들의 영역도 있는 거 같고. 그리고 이제 또 다른 영역도 있는 것 같아. 아카데믹한 개념 자체에서 벗어난, 그렇지만 아티스트로서 타고난 사람의 영역 말이야. 내가 그 영역에 속하면 좋겠고.

이렇게 말하는 사람도 있겠지. 그래도 최소한 기본기는 되어 있고 그 바탕 안에서 그걸 깨버리는 게 진짜다, 잘 그리는 법을 배운 다음에 그 배운 것들을 엎어버리는 식으로 하려면 깨버릴 기본기는 있어야 한다, 그 기본기를 저버리는 식으로 그리는 그림이 아트가 된다…….

그 사람들 중 한 명이 바로 나였다. 나는 어린이처럼 그려라, 모두가 예술가다, 따위의 말들을 한 번도 좋아하지 않았다. 그런 말을 들을 때마다 내 안에서 이런 말들이 샘솟았다. 갖고 있던 걸 깨부술 수 있는 거야말로 능력이지 않을까? 숱하게 쌓고 버리는 과정을 통해서야 무언가를 깨부술 용기를 얻는 게 아닐까? 아니, 피카소도 처음부터 그렇게 파격적으로 그린 건 아니지 않은가?

니키리 하지만 내 생각엔, 그조차도 사실은 bullshit이야. 아티스트는 그냥 닥치고 그리면 되는 거야. 아티스트가 그린 그림이 아트야. 거기엔 스킬이고 뭐고 다 필요 없는 거지. 마르셀 뒤샹이 변기에 대고 이게 아트다, 라고 한 개념이 아트가 된 것처럼. 스킬이고 나발이고 아티스트가 표현하고 싶은 바로 그 무언가가 그림에서 전달되면 되는 거지.

나는 발끈했다.

임지은 아티스트가 하면 아트라니, 아티스트 만물론도 아니고 그건 좀 이상하잖아. 그럼 어디까지가 아트고 누구까지가 아티스트야? 그런 건 누가 정해? 대충 물감 뿌려놓고 자기 뽕에 취해 저 혼자 아티스트라고 명명하고, 자기가 한 걸 아트라고 말하는 짜치는 애들이 허다하잖아. 내가 아티스트고 내가 하면 예술이다, 라는 말은 그런 애들한테 힘을 실어주는 거랑 뭐가 달라?

니키는 놀라우리만큼 여유로웠고 평온해 보이기까지 했다.

좋은 작품을 알아보는 방법,
있기는 한가요

니키리 네 말대로 아트가 그냥 아무나 다 뭐 뿌려놓고 이게 아트다, 하고 얘기할 수 있는 분야는 절대 아니지.

그럴 때는 공신력 있는 사람들의 말을 믿으면 돼. 뭐, 뉴욕 비평가들도 있고, 해당 신에서 오래 있었던 사람들도 있고. 믿을 만한 누군가가 이게 아트다, 했을 때 그 사람들을 좀 믿어야 하는 거지. 하다못해 와인에 대해서도, 와인을 오래 마신 사람들이 이 와인이 좋다고 말하면 다른 사람들도 그게 좋은 와인인 거 같다고 생각하잖아. 왜 와인도 믿으면서, 그림은 평생 현대미술을 했거나 거기서 인정받은 사람이 이거 정말 좋은 페인팅이라 그러면 안 믿을까?

물론 모를 수는 있어. 워낙 아트가 어렵고 공부해야 되는 부분도 있으니까. 하지만 그걸 오래 한 사람이 좋다고 할 때는 먼저 믿어야 가능해지는 부분도 있는 거야. 그런데도, (물을 한번 들이켜고) 존나게 안 믿는다 이거야 사람들이.

임지은 그런데 이미지만 가지고 현대미술에서의 좋은 그림을 감각해내야 한다는 건, 오래 몸담거나 타고난 사람이 아니고서야 그걸 감각하거나 구별할 수 없다는 말과 별다를 바 없잖아. 지금 니키는 심지어 거기에 오래 몸담았다는 이유로 좋은 그림을 못 보게 되기도 한다는 얘기까지 한 거고 말이야. 그렇다면 결국 사람들과 현대미술을 이어주는 가교 역할은 뭐가…….

니키리 (말을 가로막으며) 없어. 가교가 있겠어? 가교가 필요 없다는 게 아니라 어차피 누가 이어주든 말든 현대미술은 자기가 공부하지 않으면 이해하기가 어려워.

임지은 아니, 내가 그걸 부정하는 게 아니라,

니키리 그리고 또…… 아니야, 미안해. 계속해봐. (웃음)

작업을 하는 사람이 되는 것과
잘나가는 작가가 되는 것

뜬금없지만 맥락을 전해야 내가 말하고자 하는 게 정리될 거 같았다.

임지은 나 처음 미대 들어갔을 때 있잖아. 하도 작가가 될 것처럼 행세하고 다녀서, 몇 년 후에 내가 다 접고 취업 준비를 하고 있을 때 주변에서 놀라더라. 우선은 돈을 벌어야 했지. 또 막상 작업을 해보니, 내가 계속 작업을 하는 사람이 되고 싶었다기보다 잘나가는 작가가 되고 싶어 했을 뿐이라는 걸 알겠더라. 그 두 개는 굉장히 다르잖아. '나는 글을 쓰며 살아갈 것이다'와 '나는 베스트셀러 작가여야 한다' 이 두 문장이 엇비슷해 보여도 꽤 다른 것처럼.

하지만 가장 큰 이유는, 그냥 내가 예술과 너무나 멀다고 느꼈다는 거야. 한번은 내가 친하게 지내던 애가 "다른 사람도 아니고 언니가 작업 안 할 줄은 몰랐다"라고 말했어. 걔는 내가 걔 작업을 보면서 수시로 절망하곤 했다는 걸 몰랐겠지. '아, 나는 안 되는구나. 나는 아무리 열심히 해도 어떤 지점 너머까지는 절대로 못 가겠구나.' 미술을 그만둔 데는 여러 이유가 있지만 나는 이 지점이 가장 크다고 생각해. 그땐 힘들어서 누구에게도 제대로 말하진 못했지만.

니키리 (심각한 얼굴로) 왜 안 된다고 느꼈어?

임지은 그 안 된다는 느낌을 전달할 방법이 없어서 오래 고민해봤거든? 의심도 해봤어. 나는 워낙 추진력도 없고, 쓸데없는 생각도 많이 하고, 합리화도 잘 하니까. 혹시 제대로 해보지도 않고 때 이른 패배주의에 사로잡힌 건 아닐까, 두려운 나머지 미리 합리화부터 한 건 아닐까……. 왜, 버티다 보면 해결되는 영역들도 반드시 있잖아. 때론 버티는 게 가장 중요한 거기도 하고 말이야. 근데 이건 그런 거 같지가 않더라고.

생의 대부분을
머뭇거리면서

나는 누가 봐도 뭐든 열심히 하는 편이었다. 그러나 내 최선에는 언제나 교활한 구석이 있었다. 나는 원하는 결과를 얻지 못할 때를 대비해 그 결과가 나오지 않아도 나를 탓하지 못할 그럴듯한 이유를 언제나 확보해두곤 했다.

그러므로 누군가 내게 너는 최선을 다하지 않았을 뿐이라고 말하면 나는 아무것도 모르는 주제에 함부로 그딴 소리를 한다고 불같이 화를 낼 것이었다. 나는 상대가 틀린 말을 할 때보다 부분적으로 맞는 말을 할 때 화가 났다. 살이 쪘다고 생각하던 중 누가 내게 살이 쪘다고 하면 화가 나고, 입은 옷이 별로라고 생각하던 중 누가 입은 옷이 별로라고 하면 화가 났다. 상대방이 나의 최선에 트집을 잡을 때도 마찬가지였다. 나 역시도 최선을 다했다고 확신하지 못했기 때문에. 내가 이런저런 핑계를 끌어오는, 아무것도 해내지 못한 완벽주의자일 뿐임을 상대가 밝혀버렸기 때문에 분노했다.

하지만 그림에 있어서만큼은 아니었다. 내가 아티스트가 아니라는 것, 그건 내가 가져본 가장 큰 절망이자 확신이었다. 생의 대부분을 머뭇거리던 내게 그처럼 누구도 내 생각을 바꾸지 못할 만큼의 확신은 드물었다. 누군가 "그건 네가 최선을 다하지 않아서 그런 거"라고 말한다면, 나는 아무렇지도 않게 웃어넘기며 생각할 것이다. '예술에 대해 아무것도 모르는군.'

임지은 설명하기 막막하네. 그 막막함으로 혼자 얼마나 많이 미술관에 가서 앉아 있다 왔는지 몰라.

니키리 네가 본투비 아티스트가 아니라고 느낀 거구나.

임지은 응. 어찌 보면 장르적 특성도 있는 거 같아. 산문 쓰기는 무언가를 타고났다는 확신을 가진 사람들이 오는 영역 같지는 않거든. 가끔은 그렇지 않은 사람일수록 적격이라는 생각도 들고 말이야. (웃음) 하지만 페인팅은 달라……. 어쨌든 나는 '진짜'가 아니라고 느꼈어. 물론, 진짜 가짜 따위가 다 뭐람? (웃음) 그딴 것과 상관없이 누구나 작가가 될 수 있어. 하지만 누군가 그런 건 없다고 말하면, 나는 강경하게 말할 거야. 아뇨. 어쨌거나 '진짜'라는 건 있습니다. 있는지 없는지는 해보면 알아요. 해보면 얼마나 잘 알게 되는지, 나는 내 생에서 그만큼의 확신을 가져본 적이 없어. 그건 패배감이나 겸손함이 아니라 건조한 사실 확인 같은 거야.

니키리 맞아. 해보면 알게 되는 거지.

임지은 문제는 그 뒤의 충격이 엄청 큰 거지. 어린 시절을 통틀어 계속 욕망해온 게 미술이었는데 내가 예술가가 아니라는 확신이 들고, 인정하기는 괴로운데 예술가인 척 가장하자니 그것도 죽겠고. 뻔히 아닌 걸 매 순간 견디면서 작가가 될 만큼의 인내심은 없고……. 미학 대학원을 준비해본 것도 그래서지. 근처에라도 머물까 싶어 무작정 손을 뻗었던 거야. 같은 이유로 관뒀고 말이야. 처음부터 미학 자체가 더 좋아서 가는 사람들이 있잖아. 잘하고 말고를 떠나서, 오래 공부하는 일은 그래야 간신히 지속되는 거 같거든.

좋아하는 문학평론가가 그러더라. 사람한테는 심정의 나이라는 게 있대. 자신을 형성한 어느 시기가 평생 어제 일처럼 함께 간다는 거야. 나에겐 그게 미술을 전공하던 시기인 거 같아.

감각적인 게 예술적인 거라고 착각하기 참 쉬워. 감각적인 거 좋지. 어느 정도는 집중력과 연습량으로 벼릴 수도 있고. 감각 좋은 사람들은 많아. 인스타그램만 봐도 얼마나 많아? 나도 감각적으로 보일 정도의 스킬은 있었어. 하지만 아티스트는 감각이 좋고 말고의 문제가 아닌 거 같아. 그보다는 몸 같은 거야. 내가 비율이 좋아지고 싶다고 지금 팔다리를 늘릴 수는 없잖아. 대안을 찾을 수는 있지만, 내 몸 틀 자체를 바꿀 순 없어. 나한테는 '노력해도 넘어설 수 없는 게 있다'는 수긍이야말로 몸적인 거고, 그 점에는 내게 회화는 몸적인 거야. 내 몸의 한계와 타인의 아름다운 몸을 꼭 함께 꼬집어서 드러내는…….

예술가로서 무언가를
갖고 태어났는지, 아닌지

니키리 웃긴 게, W도 똑같이 얘기했어. 영상을 잘한다 싶었던 애도 그림을 그리게 해보면 알겠다는 거야. '쟤는 그냥 영상 감각이 좋았던 거지, 아티스트는 아니구나.' 그림에선 감각이 다가 아니야. 재밌는 게 그림만큼 예술가로서의 무언가를 갖고 태어났는지 안 태어났는지를 명확하게 알 수 있는 분야도 또 없는 것 같아.

임지은 그래서인가? 그림을 그릴 때마다 계속 거짓말하는 기분이 들었어. 예술을 아는 척할 때도 그래. 내가 예술 관련된 것들을 항상 자발적으로 읽고 보잖아. 왜 그러겠어. 아는 게 없다고 생각하니까 괜히 두려워서 그러는 거야.

글쓰기는 그보다는 솔직해지는 일 같아. 거짓말을 안 한다는 게 아니라, 쫄린다는 게 전방위적으로 드러난다는 점에서 덜 거짓말을 하는 기분이랄까. 어떤 면에서 내게는 글쓰기 자체가 쫄림의 증거거든. 생각이 많고, 겁이 많고, 행동하기보다는 곱씹는 나로선 쫄리면 주절주절 글을 쓰니까. (웃음) 대학 때 작업을 하면서도 텍스트를 참 많이 썼어. 미진하다는 생각이 드니까 계속 텍스트를 붙인 거지. 산문을 쓸 때 종이는 관대해. 처음 글을 쓴 것도 그 자리에서 풀리지 않은 감정들을 해결하기 위해서 쓴 거야.

다시 돌아가자면…… 니키는 내가 오랫동안 제도권 내에서 미술을 배웠기 때문에 스킬풀하지 못한 그림을 인정 못 하는 거라고, '배운 사람 입장에서는 여태껏 배운 게 아깝기도 하니까 그렇겠지' 하는 식으로 나를 달랬잖아.

하지만 제도권에서 내가 배운 핵심은, 스킬이나 테크닉이 예술가로서의 필요조건일 수는 있어도 결코 충분조건은 아니라는 사실이야. 기술적 완성도를 올려도 해결되지 않는 게 있다는 걸 느낀 거지. 때로 스킬의 역할은, 아무리 열심히 해도 그것만으로는 부족하다는 느낌을 강조하는 데 있어. 그 느낌이 내게 '여전히 부족하다면 이제 어떻게 할 거야?'라고 물었고, 나는 그 답변으로 그림 그리기를 포기한 거야.

그러니까 니키, 내가 단순히 제도권에서 해온 게 아까워서 니키 그림을 조악하다고 평가한 건 아니야.

니키는 생각에 빠진 것처럼 보였다.

임지은 문제는 그 때문에 나로서는 스킬이 아니고서야 그 그림을 판단할 기준을 갖기가 너무나 어렵다는 거야. 충분조건을 채워본 적이 없으니 뭔가를 마주해도 판단할 깜냥이 안 되는 거지. 좋다, 나쁘다를 어렴풋하게 알 수는 있지만 그뿐이야. 그나마 나는 맥락을 통해서는 조금 더 받아들일 수 있는 거 같아. 이를테면 누군가의 작업을 전시장에서 만나고, 연달아 보고, 그 배경이 되는 사회나 사건이나 사람 등을 글 같은 것으로 접하고. 그런 게 있어야만 나는 조금씩 더듬더듬 예술과 접촉할 수 있어.

변명하자면 니키가 보내준 그림에서는 내가 그런 걸 파악할 수 있는 맥락이 전혀 없었던 거지. 조악하다고 한 건…… 실제로 내가 느낀 거기도 하지만, 내가 느낄 수 있는 수준이 거기까지이기도 한 거야.

어쩌면 내가 에세이를 쓰게 된 것도 내가 맥락을 통해서만 이해할 수 있는 사람이어서겠지. 내가 사회·문화적 맥락 안에서의 얘기를 어떻게 언어화할 수 있을까 고민해온 것도 그렇게 해야만 연결되는 게 있다고 믿어왔기 때문일 테고 말이야.

아무튼 이건 니키 그림을 조악하다고 한 데에 대한 내 나름의 긴 변명이기도 해. 내가 배워온 게 아까워서 받아들이지 못하는 것과는 약간 달라. 어떤 맥락도 없이 스킬이 별로인 그림을 봤을 때, 그 그림이 설령 정말 좋은 그림일지언정 곧바로 좋다고 감각하는 건 이런 점에서 쉽지 않아. 그래서 내가 가교를 물어본 거야. 공부를 해야 가교가 이어진다지만…… 공부를 하고 그림을 그려본 나도 이 모양이면, 다른 사람들은 어떻게 가교를 가질 수 있을까 싶었던 거지.

한국은 예술 말고
예능이 필요한 것 같아

임지은 난 쭉 한국에만 있었잖아. 내가 뉴욕을 경험해본 사람이라면 조금 다를까?

니키리 아무래도 한국에만 있는 영향도 있기는 하겠지. 어쨌든 현대미술의 메카이자 동시대에서 제일 잘하는 애들이 모여서 싸우는 데가 뉴욕이고, 그러니까 거기 있는 건 좋을 수밖에 없다고 해야 하지. 그 와중에 한국에는 좋은 작품도 많이 안 들어오고, 좋은 작가라 그래도 다 맥락 없이 들어오고. 페어 많이 간다고 알 수 있나? 전혀 몰라. (웃음)

사실 나도 현대미술 공부를 전혀 안 하고 유학을 갔어. 뉴욕에 가서 갤러리를 다니는데 막상 가니까 진짜 뭐가 뭔지, 뭐가 좋은지, 어떻게 판단해야 할지 하나도 모르겠더라고. 이렇게 도통 모르겠는 걸 계속 들여다본다고 달라질까 싶고. 누가 어떤 그림이 좋다고 말해도 무슨 근거로 그런 소리를 하나 싶고. '어떻게 그걸 믿어?' 싶었지. 당장 말도 안 통하는 데서 적응하기도 쉽지 않았으니까. 처음엔 여유가 없잖아, 사람 마음이. 근데 거기서 10년을 매일같이 보다 보니까 알겠더라. 지금은 내가 10년 전에 봤던 그림도 다르게 보여. 그땐 하나도 몰랐었는데, 지금은 이게 진짜 좋은 그림이라는 걸 알겠고 왜 좋다고 하는지도 얘기할 수 있어. 뉴욕에 머물면서 오랜 시간 좋은 아트를 계속 접하고, 무엇보다 내가 아트를 하고 공부를 하면서 알게 된 거야. 지금 와서 생각해보면 이 정도의 시간은 투자해야

겨우 보이는 거구나 싶어.

임지은 나는 그만큼은 훨씬 못 미치니 조금 알 거 같은 느낌 정도만 있는 거 같아. 어쨌든 내 나름대로 무언가를 볼 때 좋은지 안 좋은지만 조금 느끼겠어.

니키리 좋은지 안 좋은지도 모르는 사람들이 대부분이야. 실은 좋다, 아니다를 알면 그걸로 된 거 아니겠어. 왜 그런지에 대한 근거까지 늘어놓을 수 있는 건, 비평가나 그 신의 창작자들의 영역으로 넘어가는 거지. 배경지식이 없으면 이해하기도 받아들이기도 어렵고. 무엇보다도 예술은 삶과 영 떨어져 있잖아. 근본적으로 되게 엄폐된 세계고, 그렇기 때문에 입장하기 위해서는 누군가의 인증이 필요해. 이를테면 좋은 갤러리에 있는 좋은 아티스트의 그림은 일단 기본적으로 좋은 걸로 그 세계에서 인증이 된 거야. 그 빡센 세계에서. 그걸 따르면서 이게 좋은 그림이구나, 하고 믿고 봐야 그나마 보이기 시작하는 거야. 아, 말을 들어보니 일단 좋은 거구나, 근데 왜 좋지? 왜 좋지? 하면서 계속 보는 거. 거기에서부터인 거지.

근데 그러기엔 한국은 삶 자체가 너무 리얼하고 팍팍해. 한국은 예술 말고 그냥 예능이 필요한 거 같아. 씻고 들어와서 누워서 TV 보고 깔깔거리다가 자면, 그게 위로가 되고 더 편하고 더 마음이 좋은 거야. 예술을 보러 나갈 시간도 없고 봐도 당장 안 와닿고 왜 좋은지도 모르겠고. 내가 먹고사는 데 있어서 나한테 100원짜리 동전 하나 던져주지 않는 예술 같은 건 그냥 시간 낭비인 거지. 당장 살아내기 힘들고 경쟁도 심한 이런 사회에서 예술은 들어갈 자리도 없고 필요하지도 않아. 거기다가 예술엔 닥치고 믿는 부분이 있어야 되는데 마음이 팍팍하고 여유가 없으니 의심까지 많아지는 판국에 되겠냐고. 이 나라는 예술이 필요가 없어서 예술이 없어도 되는 나라야. 그리고 예술이 필요 없다고 생각하는 삶 자체가 삶이 팍팍하다는 증거이자 엄청난 비극인 거지.

막상 하려니까,
씨발 떨려서 죽겠는 거야

임지은 니키 말대로면 예술을 관통하는 건 일종의 종교 같네. 소수의 선택받은 자가 있다, 알아보는 사람들 역시 소수다……. 닥치고 어느 정도는 믿어야만 기능하고, 닥치고 어느 정도는 알아야만 가능한 지점들이라니. 이우환 화가가 예술은 모두가 할 수 있는 거라는 자기 친구의 말에 반박하던 게 떠오르네.

니키리 그러니까. 뭘 모두가 해. 모두가 할 수 있으면 차라리 좋겠다. 심지어 10년을 넘게 현대미술을 한 나조차도 막상 페인팅을 하려고 하니까 불안함이 생기는데. 아무리 내가 아티스트라고 해도, 배워본 적 없으니 그림을 그려봤자 틀림없이 스킬적으로는 못 그릴 거잖아. 나름 꽤 잘나가는 작업을 했던 아티스트이기 때문에 더더욱 걱정이 되는 거야. 못 그린 그림을 과연 좋은 아트라고 세상에 내보낼 수 있는지 떨떠름하고.
그러니 두고 보라고 말은 했는데 이젤 앞에 앉으니까 씨발 떨려서 죽겠는 거야. 좆 됐다 싶었지. 막상 그리려니 너무 무서워서 이 작업실을 빌리고도 3개월을 이 무엇도 안 하고 비워놨단 말이야? 그림 그리는 순간 모든 게 다 뽀록날 거라고 생각한 거지.

임지은 혹시 영화 〈블루 자이언트〉 봤어?

니키리 봤어.

임지은 진짜 나는 피아노 치는 애인데 너무 이입이 됐어. 색소폰 부는 애를 보면서 '왜 나는 저렇게 타고난 재능을 갖고 태어나지 못했을까'를 일깨워주는 역할이잖아. 자기 신에서 곧잘 하던 피아니스트조차 타고난 주인공을 보고는 자괴감부터 느끼잖아. 그런 자괴감은 평생 가겠구나 싶어. 평생 나는 색소폰 부는 애 같이 되길 원할 거고, 원한다는 건 내가 지금 그렇지 않다고 느낀다는 뜻이니까. 하지만 따지고 보면 이 마음이 자괴감만은 아니야. 뭐랄까, 매일매일 오르가슴 느끼고 즐거운 섹스를 나누는 사람이 주변에 있는데, 그에 비하면 나는 평생 오르가슴 못 느끼는 느낌이랄까? 근데 그렇다고 내 섹스가 의미 없어지는 건 아니잖아? 오르가슴이 없는 섹스도 좋을 수 있는 거잖아.

니키리 그렇지. 없이도 좋을 수 있지. 뭔가 느끼긴 하는데, 네가 생각하는 어떤 이상에 도달할 수 없을 뿐인 거지. 너는 그 이상을 알 듯 말 듯 모르는 것뿐이고.

오르가슴은 아닙니다만

임지은 바로 그거야. 거기서 내가 확인할 수 있는 건 이건 오르가슴이 아니라는 거지. 우습지만 오르가슴을 안 겪어봤기 때문에, 겪어보려고 노력만 해봤기 때문에 더더욱 그걸 판단할 수 있는 거야. 하지만 오르가슴이 궁금하다는 이유로 내가 겪은 것 또한 오르가슴이라고 내세우고 싶지는 않고, 동시에 내가 겪은 게 오르가슴보다 더 좋다고 말하고 싶지도 않아.

그저 나는 섹스 전문가는 될 수 없다고 느끼는 것뿐이야. 오르가슴은 아니라도 그에 근접한 것이 뭔지는 알고, 나는 그런 섹스도 무지 좋아해. 내가 아는 좋은 게 분명히 있기 때문에 섹스 자체를 내 생활에서 결코 빼고 싶지도 않지. 더 좋은 게 있다는 걸 알기 때문에 지속적으로 궁금증을 갖고 귀를 열어두는 정도까지가 나의 영역인 거지.

니키리 딱 그거야. 이건 아트는 아니지만, 근접한 곳이다. 아트가 아닌 애들의 영역도 있어. 그 영역에서 지기는 노력해도 안 된다는 걸 안다는 사실만으로도 참 다행이라고 생각하는 거고. 아님 평생 돌아버리는 거야, 이거는. 자기 객관화가 되는 그런 능력을 가지면, 사실 다른 분야에서 아트에 근접할 수 있는, 그러니까 그 분야가 딱 그림만큼 아트의 본질은 아니지만, 영상을 할 수도 있고 글을 쓸 수도 있고.

임지은 대학 다닐 때 어떤 미술관 관장이랬나, 어쩌다가 우리 과로 이론 수업 온 분이 날 참 예뻐했어. 대학에서는

PPT로 수업이 진행되잖아. 7페이지 즈음 듣다가, 내가 오 이런 건 ○○○ 작가가 떠오르는 거 같아요, 하면 8, 9페이지에 그 작가가 나오는 식으로, 이 얘기를 하면은 다음에 이 얘기가 따라 나오겠구나가 느껴지는 거야. 어, 하면 아, 가 되니까 즐겁더라고. 그분도 즐거웠나 봐. 자네 천재인가, 하면서 다 있는 자리에서 칭찬을 해주기도 했는데, 거기에 으쓱했지. 회화 작가는 못 되겠구나 싶어서 이론 쪽에 관심을 계속 기울이고 있던 시기라 더 수업을 열심히 들었어. 그런 게 정말 간절했거든. 꼭 내가 예술 근처에 있어도 된다는 승인을 받는 거 같았어.

그분이 학기말 즈음에 나랑 몇 명을 밥 사주겠다고 부르셔서 그분 재규어를 얻어 타고 가는데 '와, 차가 이렇게 멋있구나' 했어. 대단한 멋쟁이 할아버지였지. 프랑스 빈티지 마켓에서 잘 건진 거 같은 트렌치코트를 입고 와서는 세상 청결하고, 수업 시간에 누군가 하품이라도 하면 그걸 꼭 지적해야 하는 꼬장한 성격이었어. 깨끗한 미소 된장 푼 장국만 일본식으로 딱 먹고, 세상 까다로운 중년 남성이었는데.

그런 사람이라서 그런가? 그 사람 말이 콱 박히더라고. 내가 아르바이트를 세 개씩 하면서 학교를 다니고 있다고 했더니, 나를 따로 불러다가 집에 돈 없으면 학예사든 뭐든 그쪽으로 가지 말라고 조언해주는 게 말이야. 애당초 돈이 급한 애들이 갈 곳이 아니라는 거야. 하이패션을 이해하고 실생활에서 다룰 수 있는 사람들, 갤러리에서 그 박봉 받고 일하는 사람들이 돈이 급하겠느냐는 거지.

니키리 한국에서의 여러 환경을 다 고려해서 한 말이겠지.

임지은 분명 아침에 집에서 나갈 때는 되게 들떠 있었는데, 돌아오는 길엔 서럽더라. 그런데 잘은 모르겠지만 그분이 나를 위해서 해주는 말이라는 게 느껴졌어. 따뜻하게 말하는 양반은 아니었는데도 되게 조심해가며 말을 해줬거든. 아마 그 사람 눈에는 뭔가 보였던 거겠지. 내가 너무 지나친 기대와 욕망을 투영했거나, 혹은 현실적인 부분을 지나치게 모른 척하고 있었다거나 하는 게. 그럴 때 사람은 더 많이 다치잖아.
돈이 있어야만 가능하다는 그 말이 진실의 전부는 아닐 거야. 하지만 진실의 일부이긴 해. 무엇보다 그 말이 와닿았던 걸 보면 나 역시 거기까지였던 거겠지 싶어. 그게 내가 현실에 항복하고 다른 수단을 찾도록 도와줬어. 아니었으면 여기까지 오는 데도 한참 걸렸겠지.

아티스트로 살다가는
인생 조질 것 같은 예감

임지은 글을 쓰고, 그걸로 나름의 예술을 좇지만, 여전히 내가 아티스트라는 생각은 조금도 안 들어. 글도 예술의 범위 안에 있지만 글이 곧 예술이냐 물으면 곧장 답하기는 어려운 거 같아. 왜 미학에서 미술이 중심이 되겠어. 사람들이 미학을 자꾸 '미술에 대한 학문' 이런 걸로 아는 게 잘못된 거긴 하지만 일리는 있어. 미학에서 미술이 중심이 되는 건, 미술이야말로 미학이 얘기되기 가장 좋은 지점이어서 아닐까……

니키리 반대로 나는 늘 내가 아티스트라고 생각했어. 단지 사진을 먼저 하면서 페인팅을 뒤늦게 떠올렸을 뿐이지. 살면서 한 번도 그림을 배워본 적도 제대로 그려본 적도 없었거든. 초등학교 때 산이나 바다 그려보라고 해서 크레파스로는 해봤지만, 그때부터도 굉장히 못 그린다고 생각했었어. 한국의 교육 여건상 그림은 '잘' 그려야만 인정받는데, 난 영 '잘' 그리지 못하더라고. 애초에 그림 쪽으로는 아예 아니구나, 하고 살아왔달까. 그러나 한편으로 나는 스스로 아티스트라고 늘 믿어왔기 때문에 언젠가부터 궁금했지. 분명히 나는 아티스트야. 그렇다면 나의 아티스틱함은 도대체 뭐지? 무엇으로 드러나는 걸까? 사진? 영상? 영화?

임지은 나는 그런 니키의 확신이 신기하고 이상해. 우리는 서로 아니라는 확신과 맞다는 확신을 강하게 가진 사람들이네.

니키리 나는 오히려 네 느낌이 신기하고 웃겨. 나야말로 그 확신으로부터 평생을 도망 다닌 사람이거든. 아티스트로 살다가는 뭔지는 몰라도 인생 조질 것 같다는 예감이 있었다고 해야 하나. 어쨌든 네 말대로 이건 해봐야 아는 거지. 네가 아니라는 확신이 강하게 드는 것처럼, 나는 내가 맞다는 확신이 강하게 들었어. 물론 아티스트가 할 수 있는 영역에는 온갖 게 있지. 조각이든 사진이든 영상이든 음악이든 뭐든. 하지만 정말 클래식한 예술사 안에서도 그렇고, 무엇보다 내가 스스로 페인팅을 해보니까 알겠어. 결국은 그림이야. 그리다 보면 순간순간마다 내가 드러날 수밖에 없으니까. 도무지 도망갈 데가 없더라고.

아닌 거 들통날까 봐,
너무 무서운 거야

임지은 지문처럼?

니키리 응. 지문 같은 거야. 내 지문이 아티스트 지문인지, 무용수 아니면 뭐 군인 지문인지, 그림은 그걸 한번 찍어보는 거야. 그래서 진짜 지문이 아티스트 지문이면 나는 아티스트인 거야. 그러니까 사실 나도 그림 해보겠다고 작업실 얻어놓고 3개월 동안 너무 무서운 거야. 말은 떵떵 해놨는데 막상 아니면 어떡해?

임지은 무서워하는 거 같긴 하더라. (웃음) 니키는 혓바닥이 긴 타입이 아니잖아. 내가 아는 사람 중 가장 추진력 넘치는 탱크 같은 사람인데. 그 시기엔 이 사람도 사람이긴 하구나 싶었어.

니키리 나 쫄렸어. 나도 모르게 내재돼 있던 한국적 사고방식이 내가 약해졌을 때 내 목을 조른 거 같아. 나도 한국에서 교육을 받긴 받았잖아. 바보도 아니고 내가 나 자신을 알지. 이렇게 스킬 하나도 없이 그림 그리면 분명히 똥망 그림이 나올 건 너무 당연하잖아. 유치원생이 그렸다고 해도 믿을 법한 게 나올 수도 있고. 무엇보다 그리고 나면 내 지문이 들통이 날 거 아니니. 그렇게 생각하니 무섭지, 안 무서워?

임지은 '아님'이 들통난다고 생각하면 되게 무섭지.

니키리 맞아. 나한테 지금 사진 찍으라고 하면, 난 나를 믿어. 발로 찍어도 뭐든 할 만할 거 같아. 영화도 좀 믿어. 그렇지만 그림은 아니었어.

임지은 정말 이상하다.

니키리 너무 이상하지. 나는 한 장만 그리면 답이 나올 거라고 생각했어. 다만 나는 분명 아티스트인데, 내가 그저 스킬이 없어가지고 좀 시간이 필요한 걸, 스킬이 없다는 이유로 '너는 아티스트 아니다'라는 소리 들으면 너무 억울할 거 같은 거야. 거기서 헷갈렸지. '그럼 빨리 뭐라도 배운 다음에 그려야 되나?' 싶어서. 근데 그것도 어떻게 보면, 그냥 미뤄둔 거지. 막상 아무것도 모르는 채로 그리려니 무서워서 부족한 스킬이라는 핑계 뒤로 숨고 싶었던 거야.

임지은 여전히 어렵다. 내가 니키한테 다짐했던 게 만약에 니키가 그림을 보여줘도 최대한 솔직하게 내 생각을 말해야겠다는 거였거든. 내가 할 수 있는 최대한으로 솔직해지자, 이 다짐을 하고 말하는 건데 나는 니키 그림에 여전히 감흥이 안 와. 다시 떠올려봐도 그래. 더 많이 느끼는 사람이 예술에 유리하다는 건 변함이 없어. 근데 내가 만약에 단지 이걸 느낄 수 없는 사람이고, 그래서 도대체 어떻게 해야 될지 모르는 거면 어떡해? 나한테는 맥락이 필요해. 니키도 와인을 얘기했잖아. 뭐 니키는 와인 전문가를 얘기했지만, 나는 항상 가격과 파는 곳을 먼저 보거든. 와인도 가격을 알고 먹는 게 결국 맛에 영향을 엄청 끼친다고, 다 가격으로 먹는 거라고 항상 농담하곤 했는데 문득 그게 진실일 수도 있겠다는 생각이 들어. 가격을 매겨주면 믿음이 개입이 되니까. 그제야 이 맛이 느껴지는 거지.

니키리 그거는 와인을 모르는 사람들한테 해당되는 얘기겠네.

임지은 그게 나야. 나는 곧바로 이 와인의 좋음을 느낄 수는 없는 사람인 거지. 그러니까 누군가 가격을 매겨주고 스토리를 알려줘야 접근할 수 있어. 기준을 매겨줘야 아는 거지.

니키리 너는 좀 애매하게 아는 편인 거지. 또 그만큼까지 현대미술을 보지는 않았으니까.

임지은 해봤자 입시만 한 게 뭘 알겠어? 동시에 그래도 이만하면 예술 근처에 가려고 나름대로 애를 써왔고 노출도 되어온 거 같은데. 이 정도가 나의 최선인 거라면 도대체 다른 사람들은 어떻게 접근하나 싶네. (웃음)

뽀록나면 어떡하지

니키리 근데 재밌는 게, 나도 남의 그림은 그 접근이 되는데 내 그림은 잘 안 되긴 하더라. 그래서 도망 다녔나 봐. 나중엔 태오가 그러더라. "나 해외 촬영 가고 나면 혼자인데, 이제는 그림 그리겠네?" 하고 묻더라고. 그 말이 뭐겠어. 이제 그림 그리라는 거지.

임지은 아휴, 형부 무서워. (웃음) 진짜 여우라니까. 쫄리지?

니키리 당연히 쫄리지! 태오는 어렸을 때부터 그라피티도 하고 다녔고, 보고 다닌 갤러리도 한두 개가 아냐. 뉴욕에서 나 따라다니면서도 많이 보고 혼자서도 보러 다니고. 독일 출신답게 철학적인 데다 페인팅을 좋아하고 또 아트를 사랑해.
무엇보다 태오는 나를 아티스트로 숭배해, 진짜로. 그 와중에 내 그림 보고 태오가 실망하면⋯⋯ 내가 유일하게 태오한테 뻐기는 근거이자 매력 발산이 가능해지는 이유를 잃을 거 같은 거야. 태오는 내가 아티스트라는 거에 콩깍지가 씌어가지고, 자기는 아티스트랑 살아서 너무 행복하다고 그러는 앤데. 그림 그리고 별로인 걸로 뽀록나면 어떡하지 싶어서 내가 진짜 죽겠는 거지. 그 와중에 네 형부는 뻥도 못 치잖아.

내 그림이 별로여도 유태오라면 분명히 나를 달랠 거야. '더 열심히 해봐라, 하다 보면 괜찮을 거 같다, 연기자 중에서도 열심히 노력해서 연기를 해내는 사람들이 있으니까 그림도 그럴 거다'라는 식으로.

아무튼 그러니까 이 그림 한 장이 나한테는 정말 나의 인생이 걸린 헤비한 한 장이었어. 주위 사람들한테 그림 그리겠다고 진짜 온 사방팔방에 다 얘기해놓고 내가 얼마나 후회한 줄 알아? 그냥 조용히 작업실을 얻어놓고 짱박혀서, 아무한테도 작업실을 얻었다고 얘기하지 말고, 뭘 그린다고도 얘기하지 말고, 조용히 몰래 그려볼걸…….

임지은 하여튼 지독하다니까. 이 모든 걸 알고도 본인을 사지로 몰아붙이네.

니키리 주사위를 던진 거지. 근데 나 스릴 좋아하잖아? 죽을 거 같긴 했지만 이렇게까지 스릴 넘치는 일은 없었으니 오랜만에 재밌긴 하더라고. 그 덕에 그림 그리길 시작하기는 어려웠지만 말이야.

이리 피하고 저리 피하다가 어느 날 뜬금없이 아이스하키를 하러 간 거야. 내가 한 번도 안 해본 건데 그걸 왜 하러 갔겠어? 어디라도 도망치려고 간 거지. 근데 설상가상 하던 중에 바로 넘어졌어. 발이 딱 부러진 거 같았는데, 그때 얼음판 위에 누워서 든 생각이 이거야. '아! 이제 그림을 그릴 수 있겠구나!'

임지은 그리기 시작한 김에 더 그려줘. 나도 그러면 니키 그림에 조금 더 들어갈 수 있을 거 같아. 아직까진 여전히 좀 시기꾼 같기도 하고 그래.

니키리 걱정하지 마, 시작했으니 나도 못 멈춰.

초코 같지만 전혀 초코는 아닌
짙은 고동색 아이스크림

대화를 옮기며 생각했다. 니키는 자기가 아티스트라는 확신이 있는 사람이고 나는 아티스트가 아니라는 확신이 있는 사람이라고. 우리는 서로의 확신이 어떤 것인지 영영 모를 터였다. 그날의 대화에서 가장 기억에 남은 것은 뜻밖에도 호지차다. 한참을 떠들다가 헤어질 때 즈음, 니키는 갑자기 호들갑을 떨면서 아이스크림을 내왔다. 나에게 꼭 맛을 보여주고 싶었다고, 가기 전에 꼭 먹고 가라면서, 아이스크림이 무슨 맛인지 맞춰보라고 했다. 나는 짙은 고동색의 아이스크림을 한 입 먹고 눈이 휘둥그레졌다. 분명히 아는 맛인 거 같은데 전혀 모르는 맛 같기도 했다. 초코 같지만 전혀 초코는 아닌 맛이었다. 한편으로는 비건 아이스크림을 먹었을 때와 비슷한 맛이 나기도 했다. 비건 초코인가? 아니야, 초코는 아닌데. 나 이 맛 분명히 아는데. 진짜 맛있다. 그런데 도대체 무슨 맛이지? 나는 의문을 갖고 계속해서 아이스크림을 퍼먹었고 니키는 그런 나를 보면서 깔깔 웃었다. 이게 무슨 맛이냐고 말해달라고 조르는 내게 니키는 비밀스럽게 속삭였다.

"호지차야, 호지차."

그 말을 듣고 다시 먹은 아이스크림에서는 틀림없는 호지차 맛이 났다. 마치 토끼의 모양을 알고서야 달에 있는 무늬를 토끼로 볼 수 있듯, 호지차라는 걸 알고 나서야 나는 아이스크림에서 호지차 맛을 느꼈다. 그 사실이 웃겨서 나도 니키랑 깔깔 웃으며 아이스크림 사진을 남겨두었다.

한 번도 사진을
사랑해본 적이 없어

영화를 좋아하긴 하지만 딱히 잘 아는 편은 아니다. 언젠가부터 영화를 봐야지 하면서도 늘 후순위로 밀어두고야 만다. 그래서였을까? 니키는 내게 영화와 관련된 이야기를 자주 하지는 않는다. 그나마 우리가 영화 이야기를 나눈 건 니키가 시나리오를 쓰던 때뿐이었는데, 그마저도 영화보다는 '쓰기'에 대한 이야기였다. 몇 년 전 니키는 필동에 작은 작업실을 얻은 뒤 매일같이 출퇴근을 하면서 영화 시나리오를 썼다. 아마도 여름이었을, 흐렸던 어느 날, 니키와 필동의 한 카페에서 커피를 마시며 그 시기 니키의 성실함의 향방과 시나리오의 미래를 힘께 궁금해했던 기억이 난다.

그뿐이다. 니키는 이따금 '이번에 개봉한 영화 괜찮더라' '지난번엔 누구랑 ○○을 봤어' 같은 말을 무심코 흘린다. 그로 인해 나는 니키가 나 아닌 다른 친구와 만나 꾸준히 영화를 봐왔다는 것이나, 영화에 대한 이야기는 영화를 좋아하는 친구들과 나눈다는 걸 짐작할 수 있었다. 그게 좋았다. 나 역시도 재밌게 본 책에 대해서는 니키에게 딱히 말하지 않았으니까. 어쩌면 우리는 대화의 전제를 공유하는 것도 같았다. 사랑하는 것들에 관한 대화는, 비슷한 열도를 가진 이들과 나눌 때라야 빛을 발한다는 전제 말이다. 나의 사랑이 그런 식이라서인지 나는 니키가 나에게 영화 이야기를 별로 하지 않는다는 사실로 말미암아 니키가 영화를 정말로 사랑한다고 느낀다. 니키가 그림을 그리기 시작한 이래로, 나와 함께 예술에 대해서 이런저런 수다를 떤다는 사실에 묘하게 기분이 좋아지는 것도 그와 관계가 있을 것이다.

    그런데 니키는 사진에 대해서조차 이야기한 적이 단 한 번도 없었다.

임지은   원래는 사진을 전공했잖아. 이제 와서 어쩌다가 회화를 하게 된 건데?

니키리   아무 생각 없어. 그래도 굳이 왜 그림이 하고 싶었나 생각을 해보면, 사진가란 말이 별로 듣고 싶지 않아서인 것도 같아. 나는 심지어 사진을 사랑해본 적이 없어. 한 번도.

임지은   정말?

니키리   영화과에 가고 싶었는데 어쩔 수 없이 타협해서 사진학과를 간 거니까. 원래는 연극영화과에 가서 영화를 만들거나 배우를 하고 싶었어. 근데 봐봐. 배우는 거울을 보니 영 못 하게 생겼어. 그때 막 고소영 같은 배우들을 학교에서 보고 나는 애매하겠구나, 했지. 솔직히 내가 못생긴 건 아니고 매력 있다고 생각해. 지금 시대에 내가 이십대면 나도 주인공 해볼래 하고 덤볐을지도 모르는데 그때는 그 느낌이 아니었던 거 같아. 대신 나는 영화 좋아하니까 감독 하고 싶다 했는데, 당시에 연극영화과 가는 걸 집에서 반대했지. 그럴 거면 차라리 사진학과를 가라는 거야. 아버지가 서라벌예대 사진학과를 나왔어. 거기가 중앙대 사진학과의 전신이거든.

임지은 그럼 진짜 아버지 때문에 간 거야?

니키리 응. 내가 의외로 타협을 잘해. 타협을 비겁하다고 생각하지 않아. 내가 고집을 피워서 연극영화과를 가겠다고 했다 쳐. 그러면 급하게 입시도 준비하고 실기도 봐야 되는데 떨어질 가능성이 되게 높아 보이는 거야. 시골에서 갑자기 학원에 다녀야 하나 싶고, 부모님이 밀어줄 것 같지도 않고. 생각해보니 갑갑해. 그래서 고민해보니 부모님 말씀이 꽤 괜찮은 타협이라는 생각이 든 거지. '잠깐만, 사진학과에 간다고 해서 사진만 할 필요는 없잖아?' 하고. 사진학과 바로 옆에 연극영화과가 있었거든. 건물도 붙어 있으니까 가서 영화 수업을 들으면 되겠다 싶었어. 그렇게 못 이기는 척하고 사진학과 간다고 하면 떨어져도 나한테 할 말 없고, 만일 내가 떨어지면 '다음엔 나 영화과 시험 볼래' 해도 뭐라고 할 명분이 없잖아. 붙으면 붙는 대로 내가 요구하는 걸 다 해줄 거 같고. 그럼 사진학과에 간 다음에 원하는 거 다 받고 혼자 영화과 수업 들으면 되잖아?

임지은 타협 잘한다. 야무지네.

니키리 뭐 하겠다고 신념을 밀어붙여. 그래서 사진학과 가겠다고 했더니, 집에서 진짜 대우 잘해줬어. 그렇게 사진학과 합격했지, 장학생 됐지, 그러니까 집에선 기뻐하면서 나 혼자 지낼 오피스텔을 구해줬지……. 나는 사진학과 가서 영화 수업 들었어. 그러니까 난 일단 근본적으로 사진에 관심이 없었다니까?

그 모양이니 첫 학기에 F가 나왔어. 어두컴컴한 암실에서 작업하는 것도, 흑백 프린트도, 무거운 카메라를 들고 다니는 것도 딱 질색이었어. 카메라를 들고 뭘 찍는 것도 나랑은 너무 안 맞는 거야. 그래도 F가 뜨니까 와, 이건 좀 심하다 싶더라. 그러다 두 번째 학기 때 광고 콘셉트로 뮤직비디오를 만들어 오래. 그때 다

뤄본 패션사진이 좀 재밌더라고. 그때부터 흥미를 느껴서 점수가 잘 나왔어.

임지은 평균 이하로 가는 꼴은 못 보시잖아요.

니키리 내가 성실은 하잖아. (웃음) 주어진 책임에 열심히 임했을 뿐이고, 열심히 하다 보니 잘하게 된 거고. 잘하니까 주변에서 막 유학 가라고 했어. 나 학생 때 아시아나항공 기내지 꼭지를 따내서 작업하고, 제일모직 사외보에도 사진 신고…….

임지은 와, 학생 때 사외보에다가 실었어?

니키리 제일모직 사외보에 '멋을 아는 사람'이라는 인터뷰 코너가 있었어. 당시에 안성기 배우 같은 사람 만나서 내가 사진을 찍었어. 그냥 아르바이트가 아니라 내 이름을 걸고 하는 거였어. 그때 안그라픽스라고, 지금도 유명한 출판사 겸 디자인 그룹에서 학생을 고용한 건 내가 처음이었지.

임지은 내가 아는 니키라면 그때 오히려 다른 거에 관심이 있었을 것 같은데. 사진이 아니라 잿밥에 더 관심이 많았겠어.

니키리 역시 임지가 나를 아는구나. 맞아. 졸업하니까 재능 있다고 유학 가래. 사진은 재미없었지만 마침 뉴욕은 가고 싶었지. 그 시기엔 다들 그 나이쯤에 결혼해야 했거든. 나는 한국에서 결혼하고 싶지도 않아서 뉴욕에 가서 놀다 와야지 생각한 거야.

임지은 1~2년 놀 생각으로 갔겠지.

니키리 당연하지. 내가 진지한 게 어디 있냐?

임지은 진짜 미쳤다니까. 순전히 진지한 건 사람 만날 때밖에 없는 거 같아. 나는 스판테이니어스spontaneous라는 영어 단어를 이렇게 형상화한 사람을 본 적이 없어. 그 단어 맞지?

니키리 맞아. 내가 스판테이니어스하긴 해도 거기에 따른 책임은 져. 스판테이니어스하게 들어가지만 누구보다 진지하게 고민하지.

임지은 그거는 재능만으로 되는 건 아니야. 즉흥적인 것만 하려고 들고, 책임은 안 지면서 일만 벌여놓고 수습 못하는 사람도 많잖아. 책임지려고 열심히 했겠지 뭐.

타협은 잘해
신념은 딱히 없고

니키리 아무튼 그냥 놀러 가겠다 생각하고 가서 뉴욕 패션공과대학교(이하 FIT)에 들어간 거야. 나는 랭귀지 스쿨도 두 달만 다니고 안 갔어. 재미가 없었거든. 말도 안 되는 영어 써가면서 자기들끼리 노는 게 뭐가 재밌어. 어차피 부딪칠 거 그냥 바로 FIT에 간 거야.

임지은 뭐야. 엘리트잖아? 뉴욕대학교 대학원에만 간 게 아니었나 보네. 니키 되게 날라리인 줄 알았는데 생각보다 착착 다 하고 다녔구나.

니키리 그럼. FIT 졸업하고 1년 동안 인턴을 할 수 있는 기회가 생겼어. 그래서 데이비드 라샤펠 스튜디오에 들어갔는데, 그때는 필름으로 찍는 시대였어. 지금 이 정도 크기의 방에 쌓여 있던 아카이브 필름을 내가 직접 레이블링해서 정리했지.

한 달 동안 매일 출근하면서 그랬더니, 거기서 뽕 가

서 나를 돈 주고 고용했어. 그래서 어시스턴트가 됐는데, 한 6개월 다니면서 나는 패션 하면 안 된다는 걸 알았어. 감각적이긴 한데, 진짜 재미가 더럽게 없는 거야. 평생 할 수 있을 것 같지도 않고. 내가 사진 찍는 걸 좋아하지도 않고.

그럼 어떡하지, 하고 고민을 하다가 엄마한테 전화했어. "엄마, 내가 패션사진가가 될 게 아니야. 대학교수가 되어야 할 것 같아" 하고 거짓말을 쳤지. "그러려면 석사가 있어야 돼서 나 대학원 가야 될 거 같아" 하고. 그래서 또 대학원을 갔네?

임지은 진짜 뻥의 화신이네. 그래도 그런 건 좋다. 집에서 백업 잘해주는 거.

니키리 그걸 믿고 까부는 것도 있었어.

임지은 그만큼 또 실망 안 시키려고 했겠지.

니키리 중앙대 준비도 고3 여름부터 시작했는데 장학생으로 들어갔고, FIT도 뉴욕대학교 대학원도 좋은 성적으로 졸업했고. 잘했지 뭐. 거기다 세상에, 신랑을 세계적인 스타를 만들어놨네? 부모님은 내 말 다 믿어. 내가 태오 데리고 왔을 때도 그랬거든. 얘가 지금은 아무것도 아닌 어린 바텐더지만 나 얘 스타로 만들 테니까 믿어 달라고. 그때 부모님은 끽소리도 안 했어. 왜냐하면 날 믿거든. 그리고 정말로 또 만들어놨잖아?
다만 해보니까 조건은 있더라고. 얘가 내 거여야 돼. 그래야 이게 작업이 된다.

임지은 니키는 주어진 배역을 잘 수행하네. 한편으로는 몰입할 수 있는 자기 역할이 필요하기도 하고 말이야. 그래야 최선을 다할 수 있으니까. 아까 밥 먹으면서 내가 꼭 니키 삶이 〈프로젝트〉 같다고, 〈파츠〉 작업 같다고 했잖아. 니키 참 이기적이다, 좋은 뜻으로.

니키리 나 그 말 좋아해. 나는 이기적인 사람이야. 나는 나여야지만 최선을 다해. 내 거여야만 하고, 거기에 몰입하면 기분이 좋고.

임지은 와중에 타협은 잘해. 신념은 딱히 없고.

니키리 귀찮아서 그래. 거기다 나 신념 싫어하거든. 신념으로 일을 그르치는 걸 너무 많이 봤어. 나한테 신념은 일을 그르치게 되는 가장 큰 이유야. 신념이 강하면 유연하지 않고 유연하지 않으면 섹시하지 않아.

임지은 그러게. 신념이 있으면 여러 가지 정체성이 이렇게 왔다 갔다 할 수는 없겠지.
니키는 정말 '정체성 좆까'와 '정체성 중요해'가 같이 있네. 작업을 통틀어 보면 정체성이란 의미 없고 자유롭게 넘나들 수 있는 것인데 동시에 정체성이 내 것으로 주어져야만 하는 거야.

내 세계관을
만들어야 되는 거군

니키리 그렇게 대학원을 갔는데 나름대로 재미있었어. 그러면 뉴욕에서 더 살 시간을 벌어야 하는데, 졸업하려면 아트를 해야 되더라고. 대학원을 예술학교로 갔으니 패션사진으로는 졸업할 수 없고 정말 내 작업을 해야 되는 거야. 그래서 시작한 게 〈프로젝트〉인 거지. 당시에는 시대적으로 사진이 꽤 괜찮기도 했고, 또 그동안 내가 배운 게 사진뿐이니까, 결국 사진이라는 기술을 매체로 써야 되는데 어떻게 써야 하나 고민하다 보니 일단 내가 무슨 얘기를 하고 싶은지가 중요하겠더라. 그럼 나에 대한 얘기를 끄집어내야 되는데 난 아이덴

티티에 관심이 있어. 이걸 철학적으로 풀어서 내 세계관을 만들어야 되는 거군, 싶었지. 그러니까 철학책을 계속 읽게 됐어. 그때까지만 해도 나는 신디 셔먼이고 낸 골딘이고 누군지 관심도 없었고 갤러리를 제대로 다녀본 적도 없었어. 단지 작업을 해야 했고, 그렇게 롤랑 바르트부터 시작해 온갖 철학서를 쭉 읽었지. 대학원 가서야 남들 대학교 학부 때 했던 걸 한 거야.

그래서 페이크 다큐인 〈프로젝트〉가 나온 거야. 그걸로 졸업이나 빨리 하려고 했는데 갑자기 이걸 가지고 첼시 갤러리에서 전시를 하자고 해서 내가 안 한다고 그랬어.

임지은 첼시에서 전시를 하자고 했는데 안 하다고 말했다고?

니키리 그러니까. 철이 없었지. 아님 너무 몰라서. (웃음) 그런데 결국 전시하게 됐고 그때부터 10년 동안 거기 있었어. 그냥 한국 와야 되나, 아니면 뉴욕에 남아 있어야 되나 고민도 했지. 한편으로는 이런 생각도 했어. 작업하니까 재밌는 거야. 평생 이렇게 작업하면서 사는 것도 나쁘지 않고 낭만적인 거야. 그래서 이렇게 쭉 살까 생각을 한 거야.

그럼 대학원을 졸업한 다음에 내가 벌어먹고 살아야

되는데 뭘 한 게 없잖아. 어떻게 할까 하다가 내 친구가 그때 막 처음으로 뉴욕의 로어 이스트 사이드에 컨템퍼러리한 한식당을 조그맣게 열었어. 그 친구가 에드워드 리야. 식당 이름은 'CLAY'. 내가 그 친구한테 "나 거기에서 웨이트리스 좀 하면 안 되겠니. 일주일에 세 번만" 하고 부탁했어. 그래도 된다고 해서 일주일에 세 번씩 일을 했더니 한 달 먹고살고 월세 낼 돈이 나오더라고. 이렇게 살면서 평생 작업이나 해야겠다 싶더라. 내 작업을 팔아서 먹고살 가능성은 생각해보지도 않았고 그렇게 살 수 있는지도 몰랐어. 순진했던 거지. 왜냐하면, 예술가가 되겠다는 생각을 해본 적이 없으니까.

나는 쪽팔리는 게
제일 싫어

임지은 어쨌든 뭘 할 거면 자기가 하는 게 뭔지는 알아야 된다고 생각했던 거잖아. 내가 그거에 관심이 있든 없든, 내가 그걸 사랑하든 말든, 재미가 있든 없든, 이걸로 뭐 졸업 작품이나 해야지 하든 말든. '그래도 이건 파고들어서 해야지' 하는 마인드는 정공법이지.

듣다 보니 우리 엄마도 떠오르고 그러네. 우리 엄마는

항상 이런 식이었거든. 남한테 주는 건 네가 가진 것 중 제일 좋은 거 줘야 돼, 음식을 줄 거면 이게 조금 더 좋으니까 이걸 줘, 이런 마인드였다고 해야 하나. 그런 게 지나쳐서 문제이긴 하지만······.

니키리 너희 엄마 멋지다.

임지은 어쨌든 니키가 그런 게 있어. '누구한테 뭘 줄 거면 좋은 거 줘야지'가 있는 거야. 상대방한테 작품도 뭔가 내놓는 거라면, 제일 좋은 걸 줘야 되는 거지.

니키리 솔직히 패션사진도 그렇고 뭔가를 하는 거에 있어서 나는 쪽팔리는 게 제일 싫어. 안 쪽팔리려면 목숨까지는 걸지 않더라도 정말 나의 최선을 다해야지.
최선을 다하다 보니 잘했고, 그러다 보니까 그냥 사진으로 작업을 한 거지. 어쨌든 매체가 사진이었을 뿐, 굉장히 컨템퍼러리한 콘셉션 아트였다고 생각해. 나는 내가 사진을 찍었다고 생각하지도 않는 거지. 실제로 내가 찍지도 않았잖아. (웃음) 아무튼 그 시절 중앙대 사진학과를 나와서 더더욱 사진가로 불렸지만 내 마음속 깊은 곳에는 이런 의문이 드는 거지. 본질적으로 나는 그냥 아티스트인데, 왜 나를 사진으로만 얘기하는 사람같이 말할까?

사진가를 비하하는 게 아니야. 내가 사진으로'만' 얘기하고 싶었다면 아무 문제가 없어. 하지만 그게 아니었으니까, 사람들이 사진이라는 영역에만 나를 자꾸 가두는 것 같았어.

임지은 니키는 사진이 싫다기보다, 사람들이 자신을 이야기하는 방식이 정확하지 않은 걸 싫어하는 것 같아.

말은 남자가 하고
실천은 여자가 했구나

임지은 그러면 니키 생각에 책 말고 또 영향받은 게 있어?

니키리 사람.

임지은 사람이면, 연애?

니키리 연애도 있긴 하지. 예를 들면 A는 내가 뉴욕 가자마자 잠깐 만난 사람인데, 나한테 가오 잡고 잘난 척하려고 온갖 얘기를 다 한 거야. 본인이 예술가여서 예술은 이런 거고, 막 예술이란 이런 거다, 예술가는 너무 고독하다, 그런 말을 나한테 엄청 했지.

임지은 요즘 여자애들한테 그런 거 말하면 너무 듣기 싫어서 기절할 텐데.

니키리 그때의 나는 그걸 들으면서 '아, 예술은 그런 거구나' 하고 곧이곧대로 믿었어. 그게 사실은 다 맞는 말이고 좋은 얘기이기도 했고. 문제는 걔가 거기에 해당 안 되는 사람인데 그런 척을 했다는 것뿐이지. 나는 예술 하려면 이런 예술가가 돼야 하는구나, 하고 실천했고 그렇게 나름대로 아트를 해나간 거지. A의 외로움을 달래주고 싶었어. 내가 예술작품을 만든 다음에 A한테 보여주면서, '너는 너의 예술적인 영혼을 이해하는 동반자가 될 수 있는 사람이야. 왜냐하면 나도 이런 사람이니까' 하고 나를 보여주려고 했지. A를 이해해보고 싶었던 거야. 그런데 A가 내 작업을 보고 별로라고 한 거야. 그걸 듣고 다시는 A를 만나면 안 되겠구나 했지. 나는 동료가 되었다고 축하하고 좋아해줄 줄 알았거든.

임지은 말은 A가 하고 실천은 니키가 했구나.

니키리 그래도 A가 내가 예술 작업을 하는 데 기여해줬지. 아, P도 있어.

그 남자는 또
누구야

임지은 P는 또 누구야?

니키리 P라는 인간은…… 뭐랄까. P가 영향을 끼친 아티스트들이 많아. 이 사람 얘기를 하자면 길어. P는 정치학 공부를 하러 뉴욕에 와가지고선, 미술계에 관심이 많아서 혼자 현대미술 쪽 공부를 한 사람이야. 이 사람이 철학 공부도 해서 그런가, P만큼 현대미술에 대해 많이 알고 있는 사람은 드물었어. 당시 한국에는 더더욱 뉴욕의 현대미술을 이해하는 사람이 없었지. 내가 〈프로젝트〉 작업을 하고 있을 즈음에 P를 만난 거니까, P가 〈프로젝트〉 시작하는 데 도움을 준 건 아니야. 그렇다 해도 지금 너랑 떠들듯이, P를 만나서도 현대미술, 현대철학 같은 것들에 대해서 정말 많이 떠들었어. 그때 나는 이십대 후반이었는데, 와, 내가 한 번도 생각하지 못했던 각도로 얘기를 하더라고. 대화를 할수록 '아, 내가 진짜 이거밖에 못 보고 있었구나' 하고 머리가 깨졌어. 사고의 전환을 하게 된 거야.

임지은 재밌었겠네. 당연하다고 믿고 살았던 개념들이 깨지는 거, 살면서 정말 드물고 귀한 순간이잖아. 머리 아프면서도 진짜 재밌고.

니키리 너무 재밌었지. 헉하는 소리가 나올 정도로 막 무릎을 치게 되는 거지. 말하자면, 마르셀 뒤샹이 벽에 변기를 꽂아놓고 '이것이 예술이다'라고 하는 경험을 한 거야. 내가 그때 한 번 크게 바뀌었어. 나만 그런 게 아니라 다른 한국 작가들도 그랬어. P는 혼자 지껄였을 뿐인데 거기서 뭘 깨달은 아티스트들이 많은 거야. 한국적인 사고에 머무르는 아티스트들이었다가 P를 만난 뒤로는 사고가 전복이 돼서 이런 게 예술이구나, 하게 된 거지. P가 그걸 의도했는지 안 했는지는 모르겠지만 말이야.

임지은 능력 있는 사람이었구나.

니키리 인정하기 싫지만 그래. P만큼 내 〈프로젝트〉를 명확하게 이해하는 사람은 없었어. 내가 뉴욕의 맥락을 이해하는 동시에 한국적인 정서가 있잖아. 내 작업이라는 게 동서양이 합쳐져야 온전히 맞춰져. 서양식으로만 이해하려고 하면 내가 동양 사람이니까 딱 안 맞아떨어져. 그렇다고 한국식으로만 이해하려고 해도 안 돼. 나는 뉴욕에서 큰 영향을 받았으니까. 그런데 P는 내 작업이 한국적인 정서에서 어떤 메커니즘으로 작동하는지도 아는 동시에, 뉴욕 현대미술 신에서의 내 작업의 포지션과 내 작업에서 이해될 수 있는 부분을 100퍼센트 정확하게 알고 있었어. 동서양 양쪽을 다 이해하고 있었던 거야.

임지은   그 얘기 한 적 있어. 나한테 외국 애들이 니키 작업 볼 때 절대로 이해 못 하는 무언가가 있어서 답답했다고 그랬잖아.

니키리   응. 그걸 다 포괄해서 내 작업을 이해할 수 있었던 사람은 P뿐이었지. 뭐 예술 하는 애들이 세미나 열고 어쩌고 하지만 예술의 본질을 그렇게까지 꿰뚫어서 얘기하는 경우는 잘 없는데, P는 그걸 해냈어. 전혀 예술에 기반이 있는 사람도 아니고, 어떻게 보면 뜨내기 같은 사람이라 겉도는데 능력만큼은 뛰어난 사람이 가끔 있잖아. 거기다 나는 또 그런 사람 서포팅해주는 편이고.

남자가 사라지고
남는 것

임지은 니키는 진짜 시작부터 사람이고 계속 사람이네. 가족들이랑 타협하고, 사람들에게 영향받고. 그런 것들을 거쳐서 여기까지 왔다고 생각하니까 신기하다.

니키리 나는 항상 사람한테 영향을 받아. 다른 게 나를 구축해주거나 하진 않은 거 같아.

임지은 듣고 보니 그 말이 맞는 것 같아. 나도 누가 "가장 좋아하는 영화 뭐예요? 가장 영향받은 책이 뭐예요?" 이런 거 물어보면 너는 시기별로 달라서 그냥 그 시기에 좋았던 걸 말하곤 해. 근데 시기라고는 하지만 그것도 다 사람에 따라서 달라지는 거야. 내가 어떤 책이나 영화를 읽거나 보게 되는 건 대부분 다 사람 때문이야. 사람이 좋아서 보거나, 아니면 사람을 피하려고 보거나.

나 옛날에 좋아하던 사람이 너무 좋다고 해서 이누도 잇신의 영화 〈조제, 호랑이 그리고 물고기들〉을 열 번 봤거든. 한두 번 보는 것까지는 그냥 영화가 좋아서 보는 걸 수 있어. 근데 열 번 보는 거는 '영화가 좋아서'가 아니잖아. 나는 그 영화가 좋다고 한 그 사람이 너무 좋았어. 그래서 열 번이나 보면서 계속 그 사람을 상상했지. '그 사람은 어떤 장면을 봤길래 이게 좋았던 걸까? 이게 그 사람의 무엇을 말해주는 걸까? 그걸 내가 다 흡수해버려서, 그가 나도 좋아하게 되었으면 좋겠다!'

니키리 그 사람이 궁금하니까.

임지은 그 과정 중에 결국 사람은 사라지고 내용만 내게 남았지만 말이야.

혼자 시간을 보내는
문제를 해결하는 법

임지은 니키는 처음에 유학을 했을 때 이방인이 되었다는 느낌은 없었어?

니키리 이방인이라는 개념이 뭔지는 생각해보지 않았던 것 같아. 그냥 말을 못해서 힘들었어.

임지은 그때 영어를 못했어? 나 최근에 유튜브에서 '니키리처럼 영어하기' 영상 봤는데. 자신감 있게 툭툭 말을 잘 던져서 처음부터 그런 줄 알았는데 의외다.

니키리 못했지. 내 세대는 토플 세대라 그냥 문법 시험 보고 성적 되니까 유학 간 거야. 그러다 보니 단 한 번도 영어를 소리 내 말해본 적이 없는 거야. 하다못해 헤이, 하고 말해본 적도 없는 거지. 말만 못하나? 듣기도 안 됐어. 미국 가서 처음 전화를 받고 헬로우? 했더니, 상대가 후 이즈 디스 하더라. 그때 그 표현을 처음 듣고 생각했지. 후 이즈 디스? 내가 디스라는 건가? 뭐지?

임지은 그냥 생존 영어였네.

니키리 말도 마, 엄청 당황했었어. 그러고 FIT를 들어간 거야. 대신 한국 사람들하고 안 만나고 한국말도 하나도 안 해서 애들이 나 일본 사람인 줄 알았다잖아. 죽이 되든 밥이 되든 아시아에서 온 유학생들 피하고 외국 애들만 만나려고 했지. 근데 미국 애들이 말도 안 하고 말도 못 알아듣는 애랑 뭐 하러 놀아주겠어? 정말 착한데 재미는 없는 애 한 명만 나랑 놀아줬어. 걔랑 되도록 영어만 하면서 2년 동안 한국 음식점도 정말 먹고 싶을 때만 가서 먹고, 드라마도 안 빌려 봤어. 알잖아, 내가 드라마 엄청 좋아하는 거. 그런데도 한국 드라마 보면 한국말만 들어야 되니까 2년 동안 아예 한국 드라마도 끊고 한국말과는 담을 쌓았지. 그렇게 1년 사니까 귀가 좀 트이고, 2년 되니까 내가 조금이나마 말을 하긴 하는 거야.

그즈음 드라마 〈모래시계〉가 그렇게 재밌다고 소문이 나서 내가 큰맘 먹고 나에게 주는 선물처럼 〈모래시계〉를 비디오테이프로 빌려서 딱 틀었지. 한국어 자막이 올라오면서 봐바바바바바~ 음악 나오고 〈모래시계〉가 시작하는데, 나 엉엉 울었잖아. 그땐 휴대폰 시대가 아니었으니까 친구들하고 연락도 못 하고, 너무 외로우면 편지라도 써가지고 우체국에 가서 부치는 거야. '씨발 외로워' 하고 눈물 핑 돌면서. 요즘 같으면 외로울 때 넷플릭스든 뭐든 계속 보면 되지. 그때도 그랬으면 좋았을 텐데 당시에는 비디오테이프를 빌려야 됐어. 근데 비디오테이프 빌리려면 2달러, 3달러는 드니까, 외로워서 영화를 보고 싶어도 돈이 없어서 그걸 못 빌려 봐. 그나마 한국 비디오테이프는 다 카피라서 되게 질 안 좋고 해서 돈이 덜 들긴 했는데, 그것도 내가 안 빌려 보려고 하니까 그런 걸로 시간 때울 수도 없고. 겨우 어쩌다 한번 대여점에 가서 빌려 보거나 맨날 텔레비전에서 해주는 〈프렌즈〉나 보고 있고. 그걸로 영어 배우고 그랬지.

임지은 뭐야, 뉴욕 니키 멋진 줄 알았는데, 그냥 좀 불쌍하다…….

니키리 불쌍하지. 아니 뭐 이방인이고 나발이고, '진짜 이방인'이면 그런 걸 느낄 새도 없어. 그런 느낌이 뭐야? 사치지. 한번은 눈이 엄청 왔어. 눈은 미친 듯이 쌓여가고 세상은 조용하고, 휴대폰도 없고 친구도 없고, 그냥 외로워서 딱 뒤지겠는 거야. 그래서 뭘 했는지 알아? 혼자 베개를 배에 이렇게 저렇게 묶어서 뚱뚱한 여자 분장을 했어. 내가 그렇게 막 이상한 모습을 하고 FIT 학교 앞에 앉아 있었어. 그냥 멍하니.

임지은 뭔가 이해가 갈 것 같기도 안 갈 것 같기도 하다. 원래 외로우면 갑자기 '어디 한번 끝까지 가보자' 하는 마음이 들잖아, 자해랑 비슷하게.

니키리 네 말대로 자해랑 비슷했던 것 같아. 집 안에 더 있다가는 미쳐버릴 것 같은데, 내 모습 그대로 가서 앉아 있고 싶지는 않고. 이상한 소린데, 한편으로는 그런 상태로 앉아 있으면 사람들이 나를 어떻게 대할지 상상하니까 그 와중에 약간 재밌기도 하고…….

임지은 대단하다. 혼자 시간을 보내는 거 가끔은 엄청 두려운 일인데, 그걸 해결하는 법을 나름대로 개발한 거네. 무언가에 몰두하면 시간이 가니까. 다 좆같다가도 갑자기 '이거라도 해볼까' 하면 '어, 근데 그럼 어떻게 해야 하지?' 하면서 집중이 그리로 가고.

니키리 이게 〈프로젝트〉의 시발점일 수도 있어. 사진만 안 찍었을 뿐이지, 그때 나는 나 아닌 다른 사람으로서 앉아 있었으니까. 거기다 그렇게 뚱뚱한 여자로 앉아 있으니까 시선들이 되게 차갑더라고.
어쨌거나 엄청나게 외로웠는데, 그게 이방인이라는 코드는 아니었어. 그리고 그렇게 느끼기엔 그때 나는 심지어 인종차별이 뭔지도 몰랐어. 그냥 그때는 아무것도 몰랐으니까. 뭘 이해해야 그런 인식도 가능하지.

외로움을 가질 수 있는
환경에서의 외로움

임지은 이방인이라는 게 어떤 언어를 이해한 뒤에나 가능해지는 개념일 수도 있겠구나.

니키리 적어도 나는 그런 거 같아. 누가 나한테 인종차별을 해도, 말이 안 통하는데 뭘 알겠어. 심지어 말이 안 통하니까 차별을 받아도 당연하다고 느껴지기까지 하더라. 그때의 나라면 '이방인, 그게 뭐야?' 했을걸.

임지은 어릴 때는 부유한 집에서 잘 자랐잖아. 지역 유지의 딸이자 손녀였고. 보통은 그렇게 자라면 남 힘든 일에 관심도 없어 하는 거 같은데, 니키는 가끔 이상한 데서 너그러울 때가 있단 말이야? 어떤 데에서는 냉정한데 어떤 관계에선 되게 외로워하는 사람을 막 혼자 못 두고.

니키리 못 두지. 사람들이 혼자 있으면 괜히 가서 입에 뭐 넣어주고······.

임지은 그게 다 뉴욕에서 겪은 외로움에서 비롯된 걸 수도 있으려나. 사람이 엄청 힘들어보면 자기가 겪은 걸 다른 사람이 겪는 게 못 견디게 되는 경우가 있잖아.

니키리 그럴 수도 있어. 아니면 나 고등학교 때 1980년대 TV 프로그램 중에 좋은 단편소설을 드라마로 만드는 '베스트셀러 극장'이 있었는데 그런 걸 열심히 봤어. 그

때는 뭐든 문학 베이스가 셌지. 그런 거를 보고 자랐으니까, 그때 어떤 소외된 자들에 대한 관심이 생겼을 수도 있어.

나도 외로웠잖아. 사실 마음속으로는 어릴 때부터 외로웠지만 그게 뭔지 잘 몰랐을 수도 있지. 내가 갖고 있는 막연한 외로움이 있어선지, 사람이 홀로 있는 꼴을 못 봐. 야 씨발 살아야지, 하고 챙겨야 돼. 소중한 사람들이 그렇게 상처 입는 걸 보면 가슴이 미어져.

지금이야 태오가 있지만 뉴욕에서는 외로움에 답도 없었어. 스마트폰도 없었고, 친구한테 연락도 못 하고, 그래도 너무 외로우면 팩스를 보냈어. 편지는 시간이 너무 오래 걸리니까. 이메일도 좀 뒤에 나왔지. 1996~1997년 정도니까.

임지은 그런 시대여서 〈유브 갓 메일〉 같은 영화가 나왔나?

니키리 그런 시대였다니까. 아니지, 심지어 나는 그 시대 전이야. 뉴욕을 1994년에 갔고 그때부터 한 3~4년은 정말 날것이었지. 넌 그때 상상도 못 해. 그때 내 동네 주변 이스트 빌리지에는 사람들이 무서워서 못 갔어. 다 마약 팔고.

임지은 그래도 나름 괜찮은 오피스텔에서 지냈다 그러지 않

있어?

니키리 뉴욕은 오피스텔이라는 개념이 없고, 정확하게 따지면 그냥 나 혼자 빌딩에 있었던 거야. 뉴욕 유학 생활 때의 외로움이 진짜 외로움이었어. 왜냐하면 소통할 길이 없으니까. 요즘 애들은 일단 영어 회화 정도는 익히고 가니까. 그리고 이제는 심심하면 넷플릭스 보면 되고 다 연결이 되는데 솔직히 뭐가 문제야? 그때는 전화도 국제전화 한 번 하려면 얼마나 비싼 줄 알아? 전화비에 손이 벌벌 떨린다니까.

임지은 그 기간이 없었으면 지금 니키도 없었겠다. 그런데, 그게 나름 또 문제가 있긴 있어 니키. 나는 요즘 애들도 진짜 외롭다고 생각하는데, 니키의 외로움이랑은 다른 방식의 외로움인 것 같아. 외로움조차 가질 수 없는 환경에 있어서 외로운 거야.

니키리 그 말 너무 좋다. 외로움을 가질 수 없는 환경에서의 외로움이라는 말이.

임지은 뭔가 니키가 뉴욕에 있었을 때는 시간을 보내는 법을 개발할 수 있었잖아. 혼자 막 뚱뚱한 할머니 분장도 해보고.

니키리 하긴 나도 요새 맨날 폰 들여다보다가, 이십대부터 이랬으면 도대체 내 삶이 어땠을까 싶어.

임지은 힘든 시간을 통과할 수 있는 방법을 나름대로 개발해 봐야 튼튼해질 수 있는 것 같아. 그러려면 외로움이 주어져야 하는데, 요즘은 어릴 때부터 니키의 방식으로 외로울 방법이 없어. 늘 스마트폰이 옆에 있고, 항상 연결되어 있고, 온 사방에서 시간을 때우는 방법들을 들이밀잖아. 그래서 요즘 젊은 사람들이 더 니키한테 반응했던 것도 있는 것 같아. 지금 세대로서는 가지기 어려운 종류의 능력치를 갖고 있는 거지.

니키리 사실 다 연결되어 있는데 외로운 게 더 외로울 수 있지. 마치 바다에 떠 있는데 갇혀 있다고 느끼는 것과 똑같이.

뉴욕 같은
외로움

뉴욕은 그곳을 단 한 번도 가보지 않은 나에게조차 그 도시에 대한 노스탤지어를 불러일으킨다. 어쩌면 살면서 그렇게까지 멀리 가본 적이 없다는 사실, 그럴 수 있을지 없을지 모른다는 사실이야말로 나로 하여금 뉴욕을 그리워하게 만드는지 모른다. 노라 에프론의 로맨틱코미디나 〈섹스 앤 더 시티〉 같은 드라마를 주기적으로 찾아보는 걸 보면 나는 90년대 뉴욕을 유달리 좋아하는 것 같다. 니키는 그 90년대를 뉴욕에서 보냈으므로, 나는 툭하면 니키에게 뉴욕 이야기를 해달라고 조른다. 그럼 니키는 그때가 뉴욕의 황금기였으며 그 시기 뉴욕의 모습들은 지금 가도 결코 찾아볼 수 없을 거라고 딱 잘라 말한다. 자신은 다름 아닌 거기서 유명해지고 또 강해졌다고도. 그럴 때마다 나는 왜 좋은 건 다 과거에 있냐고, 왜 니키만 좋은 걸 다 누렸냐고 진담 반 농담 반으로 니키에게 따진다. 배 아파하는 내 모습을 니키가 웃겨하기 때문이다.

하지만 이따금 그 시절을 떠올리는 니키의 얼굴에 찰나의 무표정이 스칠 때가 있다. 꼭 너무 많은 걸 출력해야 하는 나머지 흰 화면을 띄워버린 모니터처럼. 웃음만으로는 설명할 수 없는 무언가를 설명해보려는 것처럼. 그로 인해 나는 나로선 잘 모르는 곳에서, 나로선 결코 모르는 시간을 보냈을 친구를 상상한다. 뉴욕만큼이나 멀리 있는 내 친구를. 이제 내게 뉴욕은 한 인간에게 그런 시간이 있었다는 걸 알려주는 장소다. 언젠가는 꼭 가보고 싶은.

선생님,

오늘따라 선생님이 무척이나 보고 싶습니다. 낯선 도시에서 새벽에 자다가 깨서일까요. 암막 커튼 사이로 희미한 불빛 한 줄기를 보는데 선생님 생각이 나네요. 제가 선생님이라고 마음속으로 부르는 유일한 선생님! 어디선가 잘 지내시리라 믿습니다.

선생님은 저에게 그러셨죠. 그냥 유랑하라고. 너만은 강한 신념을 가지지 말고 굳은 결의도 가지지 말고 유랑하라고. 저는 처음에 그게 무슨 뜻인지 잘 몰랐습니다. 이 도시는 야경이 아름답군요. 저는 이제 선생님 나이가 되었습니다. 선생님 뜻을 어기고 강한 신념을 가져봤습니다. 신념이 어긋나면 저를 견딜 수가 없더라고요. 강한 믿음이 흔들리는 것만큼 위험한 것도 없다고 느꼈습니다. 그건 결국 제가 약해지는 경험이었습니다. 유랑하라는 건 저보고 진심으로 강해지라는 얘기라는 걸 그때 깨달았습니다. 약한 대로 흔들리게 놔두라고. 약한 모습을 보이면서 그대로 가도 된다고. 강한 걸로 널 지키려고 하지 말고, 자꾸 널 다잡지 말고, 그냥 너를 보여줌으로써 강해지라고. 그렇게 유랑하면서 부러지지 말고 흔들흔들 가라는 얘기였다고.

선생님, 그래서 선생님에게는 저의 온갖 치사하고 유치한 얘기를 할 수 있었는지도 모르겠습니다. 그럴 때마다 그냥 인간이 그런 거지 뭐! 하시면서 언제나 너털웃음을 지어주셨잖아요. 그 미소 하나면 제 비겁하고 보기 싫은 모습도, 게으르고 늘어진 모습도 뭐 그럴 수 있지, 하며 스스로에게 너그러워지는 신비한 경험을 하고는 했습니다. 그건 결국 제가 강해지는 경험이었습니다. 선생님! 강 건너 불빛들이 반짝입니다. 어디 계시는지 모르지만 건강하시길 바랍니다. 이렇게 저 멀리 불빛들을 보고 있으니 인생 한낱 꿈이 아닐까 싶습니다.

* 존재하지 않았으나 존재하기를 바랐던 선생님에게 쓴 편지.
니키리

매력은 어깨에 지고 가야 하는
십자가 같은 것

임지은 요즘 내가 글쓰기 수업을 많이 하잖아. 사람들이 나한테 이것저것 많은 걸 상담해. 아까도 수업 끝나고 누가 와서 고민을 늘어놓다가 자기도 모르게 울더라. 각기 다른 사람들인데 고민은 비슷한 거 같아. 힘들었던 걸 말하고 싶은 동시에 말하기 싫고. 마음을 들키고 싶은데 들킬까 봐 두렵고. 각기 다른 사람들이 비슷한 고민을 하게 만드는 게 뭘까?

지금이 신록의 계절이잖아. 막 자란 새순의 초록은 보통의 초록이랑 다르고. 그런데 내 앞에서 우는 얼굴들이 막 뚫고 나온 초록 같아. 누군가의 눈물을 볼 때마다 그걸 혼자 보기 아깝다는 생각이 들어. 모두가 저 나무들처럼 여린 살을 보여줄 수 있으면 얼마나 좋을까? 어쨌거나 나의 모습으로 살아간다는 건 정말 용기가 필요한 일이야.

니키리 정말 용기가 필요해. 각자 어떤 장단이 있을 텐데 그 부분을 명확하게 드러낼 수 있는 용기, 그래서 난 이런 사람이야, 하고 나설 수 있는 용기. 그런 게 매력이 되는 것 같아. 그건 쉬운 일이 아니야. 그런데 그 용기를 조금만 내서 살아가다 보면 그게 결국 본인의 매력이 된다. 점점 쌓여서 끝에는 그렇게 돼. 원래 매력이라는 건 쉽게 얻을 수 있는 게 아니야. 매력은 본인이 어깨에 지고 가야 되는 십자가 같은 거야.

임지은 아멘. 나 지금 성호 그었다. 그 말 좋네.

니키리 그게 우리가 친해진 거랑도 관계있는 것 같아. 나는 그런 걸 드러내는 사람들이 좋아.

임지은 그래? 나 잘 못하는데. 어떻게 해도 나이스하게 보이고 싶은가 봐. 사람들한테 자꾸 웃고 그러는 게 내 마음대로 잘 안 돼. 그게 내 기질 같기도 하고.

니키리 네가 나이스한 건 맞아. 눈치도 많이 보고 사람도 많이 챙기긴 하지. 그렇지만 넌 글로 너를 드러내왔잖아.

여기서 니키가 나를 쳐다봤다.

임지은 나는 내가 나이스하기만 한 건 싫거든. 조금 더 구체적이고 복잡한 면을 가졌길 바라. 근데 내가 나에게서 그런 면을 볼 방법이라고는 글을 쓰고 고치는 것뿐이야. 아직까지는 종이 위에서만 가능한 그게 내 용기의 전부라서 좀 창피하네. 난 그걸 글로만 하는데, 니키는 삶으로 하잖아.

니키리 뭐, 내가 삶을 그렇게 살아오긴 했지. 지금 생각하면 진짜 찐따 짓도 많이 하고, 매력 없는 짓도 되게 많이 하고, 고통스럽고 쪽팔린 적도 많지만 늘 용기 있게 그 일들을 했어. 결국 매력 있는 사람이 되려면 가시밭길을 갈 수밖에 없겠다는 생각이 들더라고. 사람의 매력은 그만큼 얻기 힘든 거구나 싶어.

힙해 보이게 옷 입고 스타일링해도 그거는 한 시간만 있으면 휘발돼. 그 사람의 온전한 매력으로 승부를 봐야 되는 진검승부에서는 그게 발휘가 안 돼. 명품 입고 앉아 있고, 쿨하고 힙하게 스타일링을 해놓는다 해도 중요한 순간엔 아무 도움이 안 돼. 진검승부에 딱 들어가면 진짜 그 사람이 걸어온 가시밭길과 어깨에 짊어진 십자가가 모든 걸 말해주는 것 같거든. 온전한 자기 모습이 못생겨도 돼.

나는 고정된 상태가
아니야

임지은 '온전한'이라는 단어를 어떤 사람들은 오해하는 것 같아. '진짜'인 내가 있고 그걸 찾기만 하면 된다, 발견만 하면 된다는 식으로 말이야. 그런데 사실 니키 말은 '나는 이럴 수도 있고 저럴 수도 있어, 그냥 모순덩어리일 수 있어'잖아.

니키리 맞아! 이래도 되고 저래도 돼. 그 사실이 무섭지만 않으면 돼.

임지은 이래도 되고 저래도 되는 이중성과 모순성을 그냥 받아들여서 이게 나야 하고 보여줄 수 있는 용기를 말하는 거지, 고정된 상태를 말하는 게 아니잖아요.

니키리 그러니까. 보통은 고정된 상태를 유지하려고 되게 노력하잖아. 그런데 나는 '지금의 내가 이래'를 그냥 고스란히 드러내서 얘기할 수 있는 그 힘이 매력인 것 같아. 그리고 나는 매력적이려고 노력하고 말이야. 한번은 내가 친구한테 짜증을 낸 적이 있어. 친구가 나한테 왜 꼬라지를 부리냐고 물어서 기분이 나빴는데, 가만히 생각해보니까 진짜로 내가 꼬라지를 부린 거더라고. 그 친구가 나를 기분 나쁘게 할 의도가 없다는 걸 너무 잘 알고 있는데도 머리와 마음이 따로 노는 거야.

임지은 머리와 마음이 맨날 같이 노는 게 더 이상하지 뭐.

니키리 머리와 마음이 따로 놀고 있을 때, 나는 마음 쪽에 더 귀를 기울여봐. 무섭긴 하더라도 귀를 기울여서 내 마음이 뭔지 날것 그대로 건져 올려서 그걸 드러내려고 애써.

그래서 내가 "지금 왜 이러는지 생각 좀 해볼게, 스스로 좀 혐오스러워. 잠깐 반성 좀 할게" 했더니 그 친구가 그러더라. "반성 안 해도 돼. 이 정도로 뭘 혐오하고 이러냐. 사람이 꼬라지 부릴 수도 있지. 인간이 그렇지." 어쩌면 끼리끼리 만나서 끼리끼리 살면 되는 건가, 그런 생각도 들어.

임지은 무서운 나머지 나를 선택의 기로에 들게 하는 것들이 나한테도 있거든? 그럴 때 나도 무서운 쪽으로 기울어. '이거 쓰기 무섭다'는 마음이 들면 나는 신호로 받아들이거든. 쓰라는 신호로.

니키리 내가 네 글을 좋아하는 건 글을 읽다 보면 애가 그 마음으로부터 탈출하려고 하는 거를 내가 느끼기 때문이야. 그게 굉장히 커다란 용기를 필요한 일이라는 걸 내가 알기 때문에.

임지은 나는 니키처럼 그게 삶 속에서 단번에 안 되는 사람이라 글로 가는 것뿐인데 뭐. 글에서는 거듭 파고들고 고치면서 용기를 낼 수 있잖아.

웃긴 게 바로 그 이유로 내 글을 읽은 누군가가 나더러 솔직하다고 하면 그 사람을 속인 기분이 들어. 내 글이 솔직해 보인다면, 그건 내가 현실에서는 솔직하지 못하니까 최대한 글로라도 그 균형을 맞추려는 노력의 결과일 뿐이거든. 평소 나는 자꾸 남들에게 맞추려는 식으로 자동화되어 있으니까…….

그래서 좋은 모습만 보이려 하고, 자신이 누군지를 정면으로 마주하길 피하는 사람들의 마음이 어떤지 내 나름대로 알 것 같기도 해. 거기서 얼마나 벗어나고 싶은지, 하지만 얼마나 벗어나기 힘든지도 말이야.

그들 중 몇몇이 내 솔직함을 대단하게 여겨준 덕분에 계속 쓰기를 이어나가고 있지만 실은 나야말로 나를 응원해준 그들과 꼭 같은 사람인 거지. 그래서 요즘 스스로에게 더 화가 나나 봐. 점점 '이거 위험하니까 쓰지 말아야지'를 선택하게 되는 것 같아서 수치스러워.

바깥에서 늘 나이스하려고만 하는 내가 싫어서 글을 쓰기 시작했는데, 쓰면 쓸수록 종이 위에서조차 점점 더 위험한 일은 못하게 되는 것 같아. 모르겠어. 니키가 말한 것처럼 가면 갈수록 자기다워지려는 노력이 더 비난받는 세상이 되어가는 것 같기도 하고…….

서로 무언가 해주려는 마음

임지은 관계 얘기가 나왔으니까 말인데, 사랑도 그래. 연인 관계에서도 내 마음에 있는 말을 딱 드러내는 순간 해결되는 게 많잖아. 갈등을 겪었을 때 상대가 만일 시간이 필요한 사람이면, 시간 가지게 놔두면 되거든. 불안하면 그 불안함을 그대로 얘기하면 되고.

니키리 그렇지. 근데 한편으로는 그 얘기가 굉장히 오만하고 건방지게 들릴 수도 있어. 왜냐하면, 마음을 드러내는 게 어렵거든. 그게 사실 그래서 무서운 일이고. 마음대로 안 되는 내 마음을 내가 어떻게 하나? 나는 그럼 왜 꼬라지를 부릴까 하고 순간적으로 내가 나를 보잖아. 그게 일반적으로는 잘 안 돼. 상대방이 "너 왜 안 부리던 꼬라지를 부려?" 하고 말하면, 그 순간에 "아니 무슨 그런 식으로 표현을 해, 나는 그냥 기분이 나쁜 거고 이게 당연하지. 무슨 이걸 꼬라지라고 표현해?"하면서 싸우는 게 오히려 자연스러워.

임지은 어렵다.

니키리 너무 어렵지. 다만 늘 그런 생각은 들어. 수준이 안 맞으면 안 맞는 대로도 살 수 있다고. 좀 더 강한 사람이 약한 사람을 돌보면 되는 것 아니야? 관계라는 게 약자고 강자고 이 문제가 아니야. 다른 방식으로 서로 엄청나게 주고받고 하는 게 생긴단 말이야. 단기간에는 내가 잃는 것 같지만 장기간으로 보면 내가 얻는 일일 수도 있지.

임지은 맞아. 좀 더 단단하고 강한 사람이 좀 더 여유를 갖고 품어주면 되는 거지. (동거인인) 영훈이가 나한테 꼬라지 부릴 때마다 나는 잘 참고 넘겨. 그런 방면에서는 내가 더 힘이 세거든. 그것만 생각하면 진짜 별로지. 그런데 영훈은 다른 면에서는 나보다 힘이 좋아서 나를 잘 받아줘. 서로 참고 품어주면서 가는 거지.
제일 이해 못하는 조언 중 하나가, "너 그런 사람이랑은 헤어져"야. 알 게 뭐야? 나는 그런 조언은 듣지도 하지도 않아. 남들이 봤을 때 헤어져야 될 사유는 안 중요해. 사실 연애나 관계에 대한 고민의 대부분은 그냥 그 사람의 토로야. 그 사람 내부에서 어떤 반응이 일어나는지, 그 관계에서 어떤 주고받음이 일어나는지 나로서는 절대로 알 수 없거든. 형부와 니키의 관계도 엄청 좋잖아? 다만 그럼에도 어떤 식으로 좋게 이루어지는지는 이 둘의 문제고 이 둘만 제대로 알지, 누가 왈가왈부할 게 아니야. 내가 오래 연애해서 얻은 건 이 깨달음 하나야.

니키리 나는 태오를 10년 동안 내조했잖아. 거기에 사람들이 왜 이렇게까지 열광하나, 사실 좀 이해가 안 갔어. 내 시대 사람들에겐 그게 당연하거든. 여자가 남자 내조하는 게 당연하다는 소리가 아니야. 태오는 뭐 나한테 안 잘해줬게? 그냥 가까운 사람에게는 뭘 해주고 싶은 거, 내 상황이 더 괜찮을 때면 덜 괜찮은 때의 사람에게 내가 줄 수 있는 걸 주는 거, 그런 건 너무 당연한 거잖아. 난 솔직히 그게 뭐 그렇게까지 멋있다고 좋아해주나 싶어.

임지은 자매님, 그런 시대적 태도가 이젠 귀한 게 되었어요. 혼자 갖고만 있으셨는데 그만 빈티지 매물이 돼버렸어요.

니키리 내 말이 그 말이야. 별것도 아닌데 이게 뭐라고.

임지은 서로 무언가 해주려는 마음이 점점 더 드물어지는 거지 뭐.

"헤픈 여자네"

임지은 요즘 나는 내가 뺏어 올 수 있고 훔칠 수 있는 걸 가진 친구들이랑 어울리고 싶나 봐. 좋은 것들만 쏙쏙 훔치려고 호시탐탐 대기해.

니키리 넌 나에게 뭘 뺏어 갔니? 맨날 훔친대. 뭘 훔쳤어?

임지은 많지. 예를 들면, 니키가 선물 줄 때 내가 생각한 것의 두 배씩 주라고 했잖아? 그게 단순히 선물의 값어치를 말한 게 아니잖아. 인간관계에서 손해 볼 거 생각하지 말고, 본전 같은 거 계산하지 말고, 고마움을 표현할 거면 확실하게 표현하고 진심으로 고마워하라는 거잖아. 아프면 챙겨주고. 그런 태도는 훔치지.
니키의 '쏘 왓'도 그래. 나는 너무 많은 걸 복잡하게 생각하는 사람이기 때문에 니키가 그렇게 반대편에서 얘기를 해줄 때 좋아. 나한테는 잘 안 되는 거라서 니키가 당연하다는 듯 그렇게 말하면 가끔은 진짜 열받을 때도 있지만, 도움 많이 돼. 그런 것도 훔쳐. 머리가 복잡해질 때, 대사 읽듯이 꼭 니키라도 된 것처럼 "쏘왓" 할 때가 있어. 훔친다고 내가 니키가 될 순 없지만 좋은 건 훔쳐 와야지.

니키리 많이 훔쳐 가세요. 좋은 거 훔쳐 간다고 해서 그 부분이 나한테서 없어지는 것도 아니고 좋지 뭐. 내가 흘리고 다닐게. 나 헤퍼.

임지은 헤픈 여자네. (웃음) 글쓰기 수업에서 남의 글을 많이 접하면서 느끼게 되는 것 중 하나가, 사람들이 참 빛나. 다들 생각을 참 많이 해. 이상한 소리지만, 글이라는 게 내 생각을 쓰는 거라고는 해도 그 생각을 전달하려면 글 안에서 내가 돌아다녀야 된다? 움직여야 되거든. 자기 내면으로 들어가서 뭔가를 파서 그냥 보여주면 된다고 생각하지만 그러면 글이 움직이질 않아. 어디도 가지를 못하고 종이에만 고정돼. 오히려 내가 무언가 느꼈던 거를 저 사람도 겪을 수 있게 카메라 들고 돌아다니는 것처럼 글을 써야 되는 거 같아. 만일 슬프면, 되도록 슬프다 말하기 전에 그 슬픔을 느낀 지점들을 보여주기 위해 글 속에서 내가 돌아다녀야 하거든. 그래야만 읽는 사람이 쓰는 사람의 슬픔을 어렴풋하게나마 느껴.

애정 행각

임지은 니키는…… 움직여. '나는 너를 생각한다'를 말로만 해서는 전달 안 된다는 걸 아는 사람 같아. 나 너 챙긴다, 하고 말하는 게 아니라 그냥 나를 챙겨. 사랑하는 사람들한테 그냥 사랑을 하지. 세상을 사는 법을 말하는 대신에 세상을 살아. 삶을 아끼고 사랑하자고 말하는 대신에 그냥 삶에서 움직이고 즐기고 다니지. 나는 그런 걸 훔치고 싶어.

니키리 난 애정 행각을 벌이고 다니는 거지.

임지은 오, 그 단어 곱씹을수록 좋다. 점점 행동하는 척만 하고 행동을 말로만 하게 되는 거 같아. 지난번엔 메모를 보는데 내가 이렇게 적어두었더라고. '감탄한다, 라고 쓰는 대신 감탄하고 싶다. 경탄하는 걸 잘 쓰는 대신 그냥 경탄을 잘하고 싶다. 삶에 대해 쓰는 대신, 살아가기 바쁘고 싶다.'

니키리 그거야말로 우리 대화의 주제 아니냐. 제발 좀 생각을 버리고 애정 행각을 하자는 거.

임지은 그렇지. 사실 '그게 그냥 되면 당장 하지' 싶지만, (웃음) 확실히 니키처럼 잘하고 있는 사람을 보면 뭘 하는 게 더 쉬워지는 건 맞는 거 같아. 보이면 좀 더 쉬워지니까. 내가 쓰는 에세이도 뭐 그렇지. 누가 솔직하게 자기 얘기를 털어놓고 나면 남들도 그러기 조금 더 쉬워지니까.

따뜻하다면 그만입니다

니키리 근데 사람들이 그 어느 때보다 말로는 다정해. 말로는 엄청 잘해줘. '축하해줘서 고마워' '너무 너무 기대된다, 고마워' 이런 말들은 달고 사는데 참, 그 마음이 하나도 안 와닿을 때가 있다?

임지은 내 말이. 입으로만 조진다는 거잖아요?

니키리 말은 너무 다정한데…… 말만 너무 다정해.

임지은 시대정신인가 싶기도 해. 연애 프로그램만 봐도 다들

말로만 연애한다? 서로 불러내서는 한다는 게 '나는 네가 몇 순위다, 네가 마음에 든다, 너는 내가 몇 순위냐' '나는 다정한 사람이다, 나는 연애를 이렇게 한다' 계속 그 말만 하는 거야. 말로는 연애 못하는 사람 아무도 없더라. 그럼 거기 왜 나가냐. 입 털 시간에 차라리 상대방한테 궁금한 거 물어보고 상대방이 자기 마음을 느낄 수 있게 행동을 하겠다. 쉴 때는 뭐하냐, 먹을 건 뭐 좋아하냐, 싫어하는 음식은 뭐냐고 하면서 상대 챙겨주고. 그런 걸 하다 보면 상대방이 알아서 판단을 내리겠지…….

니키리 그러니까. 그렇게 막 뭘 말할 필요도 없어. 그냥 내가 누군가한테 다정함을 느끼고, 그 느낌의 뒤끝이 길게 남으면 돼. 그 여운으로 자기 전에 따뜻하면 그만이지.

임지은 그 여운은 거기에 뭐가 있어야 느낄 수가 있고.

니키리 맞아. 있어야지만 느껴지는 거잖아. 없는데 말로만 다정한 건 그 순간에는 속을 수도 있지. 근데 그게 계속 반복되면 AI에 입력된 다정함이 돼. 무슨 다들 챗GPT처럼 다정해. 차라리 말이라도 다정하게 하자고, 다정한 게 왜 나쁘냐고 말하는 사람들도 있겠지. 그 순간이야 안 나빠. 그런데 그게 계속 반복되고 지속되면서 오는 것들을 생각해보면 차라리 하지 않는 게 나아.

임지은 안 하느니만 못한 다정함이 있다 이거군. 동의합니다.

니키리 그것처럼 공허한 게 어딨어? 있는 척했는데 거기 없으면 공허하지.

임지은 사실 누가 그 다정함이 '있다'는 걸 어떻게 증명하느냐고 물으면, 할 말 없어. 그냥 그건 거기 '있으면' 느껴지는 건데 뭘 어떻게 증명하겠어. 지난번에 책을 읽는데 한 평론가가 내면은 속에 있는 게 아니라 오히려 보이는 거라고 하더라. 사람들이 내면이라는 게 있다고 믿는 건 단순히 자기 안에 내면이 있어서가 아니라, 타인한테서 종종 내면을 직접 '봤'기 때문이라는 거야. 누군가의 얼굴에서 갑자기 상처받은 게 휙 드러났다가 사라질 때가 있잖아. 누가 누굴 좋아하면 그게 얼굴에 다 드러나고 말이야. 내면이 꽁꽁 감춰져 있는 거라 생각하지만, 우습게도 어떤 면에서 내면은 가시성을 갖는다는 거지.

니키리 그 말 좋다. 그게 맞지. 빤히 보이는 문제야 이건. 어쩌면 지금 시대에 사람들은 너무 팍팍한 삶을 사니까, 마음을 가꿀 틈도 없고, 애당초 드러낼 마음이 없으니 더 가장이라도 하는 걸 수도 있어. 다정함이 내면에 없으니까 어떻게든 외면으로라도 다정함을 자꾸 강조해보려고 하고. 문제는 그런 게 그 순간엔 좋은데, 계속 쌓이면서 더 공허해지니까 문제야. 제스처를 그만해야 돼.

우리는 순간인가요,
지속인가요?

임지은 맞아. 순간과 지속의 문제도 진짜 중요한 거 같아. 이십대 후반에, 뭐고 가령 메이드라는 형식만 충족하면서 만나는 연애를 두 달 정도 해본 적이 있거든. 큰 마음 없어도 만나는 짧은 데이트야 자주 해봤으니까 그래도 괜찮을 줄 알았어. 근데 막상 해보니까, 오히려 사랑 없이도 연애가 계속 가능하다는 게 참 절망적이더라고. 그게 갑자기 빡쳐서 내가 "근데 나 사랑해요? 우리 왜 만나요?" 하고 물었는데 상대가 대답을 못 해서 헤어졌어. 뻔히 보이지만 안 보이는 척하던 걸 입 밖에 냈을 뿐인데 곧바로 끝났지. 그 정도로 별거 아닌 관계였는데도 둘 다 외롭단 이유로 그저 행세를 해왔던 거야. 나는 형식을 되게 중요하게 여기는데, 형식이란 게 형식만 따로 있을 땐 그냥 얄팍하고 공허한 거더라. 차라리 외로운 게 얄팍하고 공허한 거보다는 낫고 말이야.

사람은 제아무리 다정한 형식을 주고받아봤자 어디에서도 마음이 안 보이면, 그런 일이 지속되면 마음에 찬바람이 불도록 설계되었나 봐. '이제 내 삶에 진심이라는 건 불가능해진 건가? 다들 이렇게 마음에도 없는 형식만 반복하고 사는 건가?' 싶도록 말이야.

니키리 무슨 말인지 알겠어. 너무 슬프네.

임지은 니키 말마따나 사람을 야금야금 갉아먹는 제스처를 그만해야 돼. 사람 안에 무언가 있고 없고는 분명히 감지되잖아. 없는데 있는 척할 수야 있지만, 니키 말대로 제스처만 지속되는 건 나빠. 누구라도 나서서 끊어내야지. 지금 형식만 취하고 있을 뿐 여기 내용도 몰입도 없다, 그만두자 하고.

니키리 응. 제스처고 뭐고 다 그만해야 각자가 가진 차가운 황량함이 드러나잖아. 그래야 비로소 진짜 다정함을 갈구하게 돼. 제대로 찾으려고 애쓰게 돼. 적당히만 취하고 버티려는 식으로 자꾸 겉만 떡칠했다가는 진짜로 다정할 방법을 잃어버리게 되는 거야. 다정함이 그렇게 좋으면 다정함 코스프레는 때려치워야지. 다 그만하고 아예 소각된 상태로 좀 놔둬야, 서로 좀 차갑고 황량해야 정말 제대로 찾고 또 가져오지.

임지은 시대의 화두네. 마치 제로콜라 같은 거야. 제로다정이랄까.

니키리 제로콜라는 맛있기라도 하지. 가끔은 먹어도 그걸 달고 살면 안 되는 거야.

📷 "마음을 주고 마음을 받고 그 밤이 좋았네. 사랑 그 사랑이 정말 좋았네."

버튼 하나 잘못 눌러 이 가사를 듣기 전까지는 그다지 가락이 슬픈 것도 아니었어.

근데 마음을 주고 마음을 받는대.

그게 좋았대잖아. 근데 잠깐만요. 정말 좋았을 거 같지 않아? 세상에 그거 하나면 되는 거 아니야? 그거만큼 예쁜 게 어디 있어요.

햇살도 눈부신 아침에 지나가는 사람들 바쁘고 급한데 저들도 다 어디선가 한 번쯤 마음을 주고 마음을 받았던 그 밤이 있었을 거 아니야.

누구나 그 사랑은 정말 좋았겠지.

그러니 눈물이 나 안 나.

니키리

죽음은 미장센이야

얼마 전에 헬스장 탈의실에서 생면부지인 아주머니 둘이서 대화하는 걸 봤다. 둘은 오십대 중후반은 돼 보였다. 아주머니 1이 통화 중이었는데, 사물함이 어쩌고 하는 걸 들어보니까 남편이랑 같이 헬스장을 온 건가 싶었다. 그런 생각을 하면서 옷을 갈아입고 있는데 아주머니 2가 아주머니 1한테 대뜸 말을 걸었다.

"남편이랑 같이 헬스장 오셨나 봐요."

그랬더니 아주머니 1이 당황해서 "아니요" 하고 약간 떨떠름하게 대답을 했다. 한 10초 있다가 다시 "그게 아니라 남편은 집에 있는데 지금 어디 장례식장을 급하게 가야 된다고 밀 찾느라고 전화기 온 기에요" 하고 설명해주었다.

아주머니 1은 말했다. "장례식장을 굳이 이 추운 날에 가네요. 사람들이 이제 많이 죽어요."

아주머니 2가 고개를 끄덕였다. "많이 죽을 때죠. 사람들 많이 죽죠."

아주머니 1이 다시 말했다. "그러게요."

그런 대화를 나누는 벌거벗은 오십대 여자의 몸들이 익숙하게 브래지어를 걸치던 모습…….

임지은 브래지어를 입을 때, 후크를 앞으로 돌려서 찰 때가 있고 뒤로 손을 뻗어서 찰 때가 있잖아. 여자들은 알잖아, 이 두 행동의 의미가 되게 다르다는 거. 후크를 앞으로 돌려서 차는 행동은 뭔가 성적인 뉘앙스나 남한테 보여진다는 긴장 같은 게 다 빠진, 생활감 가득한 행동이잖아.

그 모든 장면과 대화가 내겐 너무 이상한 거지. 그러니까 서로 처음 보는 벌거벗은 아주머니 둘이서, 브래지어 후크를 배 쪽으로 딱 돌려서 차면서, 죽음에 대해서 덤덤하게 대화를 나누는 게 이상하게 나한테 이미지가 되어 남는 거야.

니키리 무슨 말인지 완전히 알 것 같다. 맨날 반복되는 삶의 어떤 패턴이랑, '그러게요' 하는 거랑, 죽음이랑.

임지은 다 미장센이야.

니키리 커다란 문제가 끼어들면서도 또 덤덤하게 작은 얘기이고.

임지은 자매님, 역시 또 찰떡같이 알아주시네요.

니키리 그거야말로 이미지네. 일상에서는 아무렇지도 않은 행동인데, 저런 행동들이 모여서 삶과 죽음이 될 거고.

임지은 만약에 내가 열 살 때 그 장면을 봤으면 이런 느낌으로 뇌리에 안 박혔을 거야. 헬스장 아주머니들이 삼십 대였어도 그렇게 안 보였을 거고. 장소가 헬스장이 아니었다면, 아주머니들이 브래지어 후크를 앞으로 차는 게 아니라 젊은 여자들 하듯이 팔을 뒤로 돌려서 등 쪽에서 찼으면 또 이런 느낌이 아니었을 거야. 그 모든 우연한 흐름 속에 내가 한 장면을 갑자기 엿보았다고 해야 하나?

가끔은 하나의 장면에 이르기 위한 일종의 조건들이라는 게 있나 싶어. 그게 다 모일 때 어느 날 나를 찌르는 거지. 삶에 실이 있고, 내가 바늘구멍이면, 어떤 실들이 그 상황을 전부 다 엮으려는 듯 어느 날 촘촘하게 구멍을 통과해서 나를 폭 찔러와. 삶이 나에게 무언가를 슬쩍 말해주는 느낌…… 그날이 그런 날이었어.

니키리 네 말대로 실 같은 걸 다 통과하는 것, 그게 일종의 맥락이지. 네가 느낀 것들은 그 맥락 안에서의 어떤 해석이나 뉘앙스일 수도 있겠고. 그런 게 참 중요한데, 요즘은 사람들이 맥락을 잘 안 보고 그냥 받아들이는 거 같아. 내가 만약에 그냥 '아, 이거 너무 맛있어요'

라고 해도 그게 무조건 맛있다는 소리가 되지는 않을 거 아니야. 맥락에 따라서는 비꼬는 게 되거나 칭찬이 되거나 할 수도 있는데 말이야.

네가 리마인드해줘서 비슷한 얘기가 생각났는데, 이번에 내가 시아버님 돌아가셔서 독일 다녀왔잖아.

임지은 응.

니키리 독일에서는 장례 중에 손님들이 거의 집으로 오더라. 그중에 집에 와서 일을 도와주던 젊은 여자가 있었는데, 태오 어머니 교회에서 나오신 분이었나 봐. 근데 안색이 너무 어둡고 우울한 거야. 내가 태오한테 "저분은 왜 이렇게 얼굴이 어둡지?" 하고 물었던 기억이나. 아무튼 장례식 당일에 그분이 또 오셨길래 내가 기억이 나서 "저번에도 도와주시고, 이렇게 또 와주셔서 너무 감사합니다" 하고 말을 했거든? 그랬더니 "제가 너무 잘 알아서요. 저는 작년에 남편이 죽었거든요" 하는 거야.

그때 그냥 많은 게 미안해지더라고. 그 여자가 그런 일을 겪었다는 게 딱하고, 남편을 잃은 마음을 알기 때문에 와서 많이 도와준 건데 나는 그런 사람을 보고 우울해 보인다는 선입견만 가졌구나, 하는 생각도 들고. 또 네가 그런 얘기를 해서 말이지만, 우리 어머님 나이 때까지 같이 살다가 아버님이 돌아가신 거랑, 결혼해서 얼마 안 돼서 남편이 죽은 거랑, 그런 맥락을 거친 다음에 본 그 죽음들은 너무 비슷한 동시에 또 너무 다른 죽음이잖아.

임지은 다 같은 한편 또 너무 다른 죽음이지……. 그냥 몇 마디가 오갔을 뿐인데, 뭔지 모르겠는 마음과 너무 잘 알겠는 마음이 뒤죽박죽 무지무지 불어났을 거 같아.

니키리 응. 똑같이 소중한 남편의 죽음이라고 해도, 둘 다 너무 다르게 안타깝잖아.

세상이 달라지더라도
예술은 그대로

임지은 내가 가진 걸 통해서, 나로서는 절대 모르는 맥락을 상상해보는 건 한편으로는 상실이나 죽음을 미리 통과해보는 일과도 비슷한 거 같아. 그래서 이런 걸 얘기하다 보면 마음이 아프고. 그런데 나로선 괜찮은 삶의 기준이 그런 데 있는 것 같기도 해. 그런 걸 상상해보는 사람의 삶과 아예 상상조차 못 하는 사람의 삶은…… 마음의 폭이 너무 다를 거 같아.

니키리 같고 다른 죽음 앞에서, 어떻게든 맥락을 여러 겹 만들어보는 게 함께 살아가는 방법이지 않겠어. 그런 걸 너무 안 하는 시기인 거 같아서 안타깝네.

임지은 언젠가 니키가 예술이 삶이랑 죽음에서 나오는 거라고 했던 게 묘하게 겹쳐지네.

니키리 삶과 죽음은 인간한테 당연하고 변하지 않는 것들이니까. 세상이 아무리 달라지더라도 삶과 죽음은 존재하고 우리 곁에 붙어 있잖아. 그러니 뭐 어쩌고저쩌고 해도 예술가들이 혼자 캔버스 앞에 서 있거나 작업실에 딱 들어가서 생각할 때는 결국 다 삶과 죽음의 문제야. 인간의 삶이 유한하고, 그렇기에 감정이 생겨나고, 전부 거기서 오는 거지. 살다가 언젠가는 다 죽는데 뭐 어쩌겠어. 그 문제만큼은 끝끝내 그냥 직면해야 하는 거야. 예술의 본질이 삶과 죽음을 다룬다는 건 그 점에서 변하지 않는 거지.

각기 다른 남자와 엉겨 붙어
키스를 하고 있는 니키

니키리 너 〈신즈Scenes〉 본 적 있어? 나 그걸로 성곡미술관에서 8월 즈음에 전시하는데. 영상 작업이야.

임지은 아니? 이번 기회에 보겠네. 잘됐다. 그건 언제쯤 작업한 거야?

니키리 내 기억이 맞다면 작업한 건 2013년일걸.

작업을 궁금해하는 내게 니키는 자신의 휴대폰을 내밀어 〈신즈〉 영상 두어 개를 보여주었다.

니키리 이런 영상이 여럿 있는 거지. 각각 3분 길이이고, 저런 화면이 열여섯 개 놓여 있어. 거기서 계속 로테이션 되면서 돌아가.

영상이 나올 화면이 얼마나 크냐고 묻자 니키는 아마 저만 할 거야, 하고 자기 집 TV를 가리켰다. 몇 년 전 니키는 TV를 화면이 커다란 것으로 바꿨다. 나는 니키의 영상을 커다란 화면으로 보는 일에 대해 생각했다. 고요한 미술관에서, 열여섯 개의 채널이 저렇게 큰 화면에서 한꺼번에 돌아간다면 우주를 만나는 것과도 비슷한 느낌일 거였다. 오래전 나는 내가 견딜 수 있는 외로움이 어디까지인지 알고 싶어질 때마다 홀로 영상 전시를 보러 가곤 했다. 영상 전시에는 대체로 사람들이 많지 않았고 바깥 소리가 틈입하지도 않아서, 영상이 무한히 재생되는 동안 나는 혼자이다 못해 작아졌다. 영사기에 비치는 먼지 입자처럼 나풀거리면서 우주 끝까지 외로울 수 있었다. 그게 좋았다. 그 외로움의 주인은 결국 나였으니까. 아주 아주 작아진 내가, 남들은 모를 아주아주 커다란 무언가를 품고 있다는 게.

영상 속 니키는 각기 다른 장소에서 각기 다른 남자와 키스를 하고 있었다. 차 안에서, 노래방에서 엉겨 붙어 키스하는 두 사람. 마치 혓바닥으로만 무언가를 붙잡을 수 있는 것처럼. 가진 거라곤 포옹과 혓바닥과 손과 피부와 체온밖에 없는 것처럼. 세상에 남아 있는 중요한 거라곤 오직 거기서 키스하는 일뿐인 것처럼.

이런 장면들로 둘러싸인 우주를 떠올리니 이상하게도 눈시울이 뜨거워졌다. 내 눈이 그렁그렁해진 걸 본 니키는 웃으며 옆에 있는 티슈를 툭툭 뽑아 건네주었고 나는 티슈를 받아들고 머쓱해하며 눈물을 찍어냈다.

임지은 왜 이러지, 창피하게. 친구 키스하는 거 보고 나 왜 슬퍼? 너무 쓸쓸해 지금.

니키리 쓸쓸해?

임지은 꼭 죽기 전에 스쳐 지나가는 장면들 같기도, 반대로 누군가 시작할 때 스쳐 지나가는 장면들 같기도 해. 나는 누가 너무 좋아지면 마지막부터 떠올리거든. 어떤 식으로든 사람은 헤어지게 되잖아.

니키리 맞아. 다 이렇게 엉겨 있다가도 인간의 운명은 언젠가는 이별이고, 결국 모든 만남은 소멸을 향해 가고, 그래서 쓸쓸해지지. 왜 너랑 나랑 참여한 앤솔러지 책에서도 나 이렇게 썼잖아. "우린 이렇게 사랑하고 웃고 그러다가 죽겠지, 헤어지겠지."

결국 자신의 작업은 삶과 죽음과 거기 따라오는 감정과 만나고 사라지고 소멸되는 것들로 이어진다고 니키는 말했다. 그런 이야기를 듣고 있으니 니키가 좀 멀게도 가깝게도 느껴졌다. 그사이 잠깐 열어둔 베란다 창 사이로 봄바람이 들어왔다. 곧 사라져버릴, 적당히 덥고 차가운 공기가 조용히 공간을 휘감고 뺨에 와 닿았다.

📄　사라져갈 것을 창조하면서 사라져간다.

시골에서 자랐다. 자연이 옆에 있었고 그 속에는 죽음도 있었다. 나는, 모든 것은 살아가기 위해 죽어간다는 것을 배웠다. 죽음이라는 결론을 향해 삶을 불태우는 모든 것을 보았다. 결국은 소멸하는 우리는 인간이기 때문에 영원하기를 바란다. 그런 우연이 존재하기를 바라면서 삶의 질서를 만들지만 우연은 허무하게도 나를 소멸로, 나를 죽음으로, 질서 있게 이끈다.

나의 우주는 막막하고 거칠고 뜻을 알 수 없이 넓고 검다. 해는 뜨고 달은 기운다. 별들은 이어지며 빛나다 꺼진다. 혼란스럽고 신비하고 질서 있고 그리고 영원하다. 그 속에서 우리는 잠깐 빛날 듯하다가 사라진다. 태어나고 자라고 웃고 사랑하고 헤어지고 사라진다. 그 잠깐의 빛나는 순간은 아름답고 귀하다. 모든 것들은 서로에게 의지하고 사이좋게 소멸한다.

빛나는 순간이자 소멸하는 장면. 우리는 함께 이 장면을 지나가고 있다. 영원히 계속해서.

니키리의 작품 〈신즈〉 작가 노트

가끔은 정말
무서우리만큼 쿨해

임지은 이 계절이 문제야. 괜히 사람 눈물 나게 한다니까. 근데 이런 걸 보고 있으면 니키랑 나랑 같으면서도 완전히 다르다. 니키는 너무 좋으면 끝까지 저렇게 온몸으로 현재인데, 나는 너무 좋으면 그게 다 과거야.

니키리 너한테 과거라는 게 뭔데?

임지은 예컨대 이런 거지. 몇 년 전에 미슐랭 레스토랑을 처음 가봤는데 정말 좋았어. 순간순간 지나가는 매분 매초가 세세하게 피부에 느껴질 정도로 좋더라. 그래서 먹고 나오자마자 동행인에게 그랬지. "너무 좋다, 우리 이런 거에 영영 익숙해지지 말자."

니키리 아니, 좋았다며?

임지은 글쎄. 나도 이해가 잘 되지는 않는데 여하튼 내가 좋아하는 걸 지키는 방식은 그래. 그 좋음이 닳거나 무뎌질까 봐 그것을 과거로 만드는 것도 같고. 어쩌면 나에게 그런 기회가 많이 안 주어져왔기 때문에 겁이 나는 것도 같고. 아니면 그냥 기질인 것도 같고.

니키리 나는 이 좋은 순간에 최선을 다하자는 주의라 늘 지금 이 순간밖에 없는데. 확실히 넌 '지금 사람'은 아닌 거네. 무뎌진다는 건 미래를 걱정한다는 거잖아.

임지은 나는 '과거 사람'이야. 되게 슬픈 순간에도 또 좋은 순간에도, 이거는 곧 과거가 되겠구나…… 모든 걸 과거형으로 생각하니까. 지난번엔 누가 내 산문을 읽고 그 얘기를 해서 어떻게 알았지 하고 깜짝 놀랐어. 방금 니키 작업도 과거를 보는 거 같아서 되게 슬펐어. 그 슬픔이 좋았고.

니키리 무슨 말인지 알 것 같아. 너는 모든 것이 다 소멸될 게 뻔하니까, 다 소멸되고 말 거라고 체념해버리고 일찌감치 과거형으로 두는 거 아니야? 과거는 어떻게 할 수가 없는 거니까.

임지은 아니면, 어떻게 할 수 없다는 사실이 안심되어서 내가 부러 현재를 과거로 보내는 식으로 생각하는 걸 수도 있고. 가만 보면 나는 그냥 '곱씹기 사람'일 뿐인 것도 같아. 그래서 뭐가 하나 좋으면 일부러 과거로 보내나 싶기도 해. 과거가 되면 그걸 회상하고 추억하고 아파하고 기뻐하고 쓸쓸해하고 곱씹어볼 수 있으니까. 나는 그냥 '그거 참 좋았어'라고 얘기하는 걸 좋아하는 사람일지도 몰라. 실은 글 쓰는 메커니즘도 그렇지. 어쨌든 글이라는 게 애당초 회고한 다음 전하는 방식이고, 그러려면 과거가 선행되어야 하니까……. 나랑은 다르게 니키는 뭘 봐도 현재에 초점을 맞추더라.

니키리 어쩌다 과거가 떠오르면 떠올리기야 하지만……. 기억에서나 현실에서나, 내가 과거의 사람들을 다시 현재로 부르는 일은 거의 없지. 난 현재와 현재의 것들과 현재 내 사람들만 사랑해. 이 현재가 미래까지 가서 다시 현재가 되는 거는 믿지 않지만.

임지은 엄청 쿨해 보이네. 가끔은 정말 무서우리만큼 쿨해. 그런데도 작업에 뭔가 애틋한 게 있어서 신기해.

니키리 뭔가 딱히 한 개인한테 연민 이런 건 별로 없는데. 인류 보편적인 연민은 굉장히 강하고. 인간 본질은 애틋하게 여기고. 스피노자가 도교, 불교 다 섞여 있으면서 자기 연민이나 자기애를 되게 싫어하고 자기 행복은 추구하는 그런 존재인데 나랑 비슷한 거 같아.

1초의 망설임

임지은 니키는 참 단호해. 나는 매번 망설이는데.

니키리 나는 1초의 망설임도 없지.

임지은 예술가라고 하면 뭔가 하나를 곱씹거나 거기 오래 머물러 있을 거 같은 클리셰적인 인상이 있잖아. 니키는 내가 알고 있는 아티스트에 대한 이미지와 충돌해. 맨날 이런 식이야. '본질은 변하지 않으니까 시발 어떡해, 단호하게 그리워할 건 하고, 갈 건 가고, 할 건 해 빨리.' 아메리칸드림처럼 '야, 하면 돼 시발' 딱 이거거든.

니키리 나는 몽글몽글하다가도 정신 빨리 차리지. 자기 연민 같은 거 제일 싫어해. '자, 그래, 근데 어떡할 거야. 태어났으면 살다가 죽어, 소멸돼. 자, 그래서 너 어쩔 건데? 안 할 거야? 하면 다 돼' 이런 모드가 되는 거지. 네가 뭘 해야 행복할 거 같아? 자, 그거 추구해!

임지은 거기에 한국인 특유의 '정'이 조금 묻은. (웃음)

나는 나를
지키는 것뿐이야

니키리 솔직히 내가 앞으로 몇 년을 더 살 거야? 유한한 삶에서 그 몇십 년이 뭐라고. 아니 죽기밖에 더해? 까짓것 죽으면 그만이지 뭐.
그리고 밥 안 먹고 곡기 끊으면 죽잖아. 근데 현대사회에 살면서 설마 내가 곡기를 끊을 일이 생기겠니. 하다못해 임지 너라도 나한테 밥 주겠지. 그러면 살아갈 수는 있을 거야. 그렇게 따지면 내가 하고 싶은 방식대로 살면 되겠지 싶어져. 그래도 어떻게든 밥은 먹을 수 있겠지 싶고.

임지은 되게 이상하다니까. 인간에 대해 별로 기대 없으면서도 인류애가 있잖아. 그건 인간을 믿는 거 아냐? '설마 죽기야 하겠어?'

니키리 내가 어떻게든 밥이야 먹겠지. 그러면 당장 내 할 말은 하면서 살아야 하지 않겠니? 내가 뭘 그렇게 눈치 볼 필요가 있을까? 내가 나 개인을 지키는 게 되게 중요한 것 같아.

임지은 그렇다고 개인주의는 아니잖아.

니키리 내가 나를 지키는 것뿐이야. 예를 들어서 내가 태오를 할 수 있는 만큼은 서포트를 했지만, 그렇다고 내가 뭘 포기한 건 아니야. 태오 무명일 때 우리가 10년 동안 돈이 없어서 진짜 힘들었어. 그 시기에 내가 강연을 다니고 학교에 나가고 했으면 그나마 좀 해결이 됐을 거야. 그럴 기회들이 있었고 할 수도 있었어. 그런데 개인적으로는 그 일이 하고 싶지 않았고, 그 일을 했다간 내가 불행할 걸 알아서 끝까지 안 했어.
다만 그럼으로써 내 정신을 지킬 수 있었고, 행복할 수 있었던 거지. 한국 사회에서는 보통 그런 식이잖아. 그래도 먹고사는 게 중요한데 나가서 네가 일해야지, 하고. 현실적으로는 그게 맞아. 하지만 그래봤자 내 인생엔 아무 의미 없어. 내가 하고 싶은 걸 하면서 살 수 있는 이 자유, 어떻게 해야 내가 행복할지 스스로 선택하는 거, 나는 그게 스스로를 지키는 방법이자 행복이라고 생각해왔고 지금도 그래.
나한테 제일 힘들고 불행했던 시기가 언제였는지 알아? 고등학교 3학년이야. 진짜 하기 싫어도 입시 공부를 해야만 했어. 그때만 유일하게 내가 하고 싶지 않은 걸 어쩔 수 없이 한 거지. 사람들이 '네가 얼마나 고생을 안 해봤으면 꼴랑 고3 시절을 얘기하냐'고 하는데, 개념이 달라. 고생을 안 해서가 아니라, 내가 세워놓은 행복의 조건에 딱 한 번 어긋났던 시기가 그때뿐이라서야. 나에게 힘든 일들이 좀 많았나. 그래도 그 후로는 좋아하는 것에 집중하는 삶을 산 거야.

도처에 죽음이 있었어

니키리 생각해보면 나는 어릴 때부터 항상 죽음을 느꼈던 사람인 것 같아. 나는 시골에서 자랐어. 그것도 1970년대, 80년대 시골. 옛날 그 시대 시골에는 도처에 죽음이 있었어.

지금이야 화장은 한 때 아름다운 건물 안에서 기계로 하지만, 옛날엔 사람을 태우는 화장터가 있었단 말이야. 죽은 사람을 그냥 저기 있는 초가집에서 태우는 거지. 어릴 때 그런 거를 듣고 보고 맞닥뜨리며 자랐어. 애들끼리 담력을 키운답시고 누가 초가집에 더 가까이 다가갈 수 있나 내기도 하고 그랬지. 화장터는 낮에 가도 무서워. 진짜 사람을 태웠나? 그 사람이 살아 있던 사람이 맞나? 상상하게 되고 그러면 죽음이라는 게 엄청 가깝게 느껴져.

어릴 때부터 예민했던 내가 그런 걸 보고 자랐으니 이

런 생각이 드는 거지. 왜 항상 나는 이렇게 멜랑콜리할까? 결국 모든 삶은 만남, 헤어짐, 사랑, 이런 게 같이 붙어 있고, 우리가 즐겁게 웃고 행복해하는 이 모든 시간은 소멸로 가는 과정일 뿐인 거야. 모든 끝은 이별하고 소멸하는 거야. 사람은 결국 죽는구나, 죽음이 도처에 깔려 있구나, 언제 죽을지 모르는구나, 그 끝을 향해 가고 있는 이 과정이 삶이구나.

그걸 나는 어릴 때부터 그냥 몸으로 가깝게 느끼는 환경에 있었고 그걸 본능적으로 느끼면서 자랄 수밖에 없었단 말이야. 그래서 내가 자연을 싫어해. 자연으로 들어가면 나한테 제일 먼저 다가오는 건 죽음의 감각밖에 없거든.

어릴 때 그런 걸 계속 느껴와서 그런지, 나는 늘 죽음을 생각하고 감각하고 그래. 내일 죽을 수도 있기 때문에 지금 너랑 얘기하는 이 순간이 너무 중요해져서 몰입하는 거야. 하다못해 오줌 눌 때조차도 느끼는 게 그런 거야. 나는 항상 새벽 4시, 5시에 자다 깨서 화장실에 오줌 누러 간단 말이야. 오줌을 싸면서, 난 항상 지금 살아 있네, 내일 죽을 수도 있겠네, 생각한다니까.

임지은 다와다 요코의 소설에서도 그런 거 나오는데. 생과 사의 경계가 모호한 지점을 느끼는 시점이 새벽에 야간

열차에서 오줌 싸러 가는 때야.

니키리 오줌 쌀 때는 살아 있기 때문에 일어나는 감각들이 느껴지잖아. 동시에 잠에서 살짝 깬 비몽사몽의 상태라는 건 죽음하고도 가깝게 느껴지는 상황이고. 그 순간만큼은 어떤 경계 없이 죽을 수도 있겠구나, 하는 생각이 본능적으로 항상 들어. 그리고 그다음 날 일어나면 '그래, 나는 내가 하고 싶은 걸 하면서 살자' 하고 마음을 먹어.

행복에 내는 세금

임지은 죽음 이후에 대해서는 생각해본 적 있어?

니키리 없지. 아예 없고, 상관없어. 나는 죽으면 끝이라고 생각하는 사람이야. 죽음 이후의 세계는 난 몰라. 모르는 세계야. 그래서 죽을 때 '아 씨발 내 삶을 살지 못했구나' 하면 너무 억울할 것 같아서 내일 죽어도 여한이 없는 삶을 살아야 된다는 생각밖에 없어. 그럼 내가 하고 싶은 것만 하고 살아야 되는구나, 하기 싫은 거 하는 건 너무 내 삶을 낭비하는 거구나. 그러다 보니 나는 그냥 하고 싶은 것만 하면서 살게 됐어 지금까지.

임지은 스스로에게 완전히 충실한 삶이라니, 부럽고 참 어렵다. 핑계 같지만 나는 자라면서 그걸 학습할 수 있는 기회가 있었나, 하고 물으면 그 반대쪽을 학습할 기회가 훨씬 많았거든. 환경이 어려우면 더더욱 스스로에게 충실하기 어려워지잖아. 한 사람이 잠시 1인분을 못한다고 여겨질 때 주변에서 그를 어떻게 취급하는지, 그런 게 어떻게 악순환이 돼서 한 사람을 죽음 가까이 몰고 가는지, 죽음 가까이 간 그 사람의 가족들은 거기 어떻게 연루되는지…… 그런 걸 실감해왔고 말이야. 작가가 되면 그런 삶과 관련해 내가 하고 싶은 말 다 하면서 살 수 있을 줄 알았는데. 어째 그런 삶 때문에 점점 더 말하는 게 어려워져. 나이 먹으면서 해야 할 역할들도 하나둘 늘어만 나서, 가끔은 사람들 좋아하는 말을 늘어놓는 식으로 생계를 유지해야 하나 싶어지기도 해.
한편으로는 그래서 니키 말이 너무 이해돼. 니키처럼 살아봐서가 아니라, 방금 말한 것과 같은 생각이 나를 훨씬 더 비참하게 할 때가 있어서.

니키리 어떤 선택이든 고통이 따라. 그 고통의 양과 '행복' 안에서 자기가 감당할 수 있는 걸 찾아야 되는 것 같아. 어떤 고통을 감당하더라도 행복의 양이 더 크면 이거를 선택하게 되거든. 나한테 가장 맞는다면 자기 안에서 고통이라는 건 순환될 수밖에 없어. 이거는 그냥 세금을 내야 되는 거야. 뭘 선택해도 세금은 내야 돼. 근데 그 세금을 내고 네가 취할 수 있는 그 행복이 너를 얼마나 더 만족시킬 것인가? 그걸 고려해서 선택하는 거야. 그 세금은 낼 수밖에 없어.

임지은 그렇지. 그 세금은 내야지. 세금을 내는 체급이 다르다는 게 가끔 뼈아프지만.

니키리 그 행복이 너라는 개인을 지켜줄 행복이냐, 아니면 그냥 네가 되고 싶은 너를 지켜주는 행복인 것이냐. 그 행복이 너의 행복일 줄 알았는데 알고 봤더니 타인의 행복, 타인의 욕망이었다면 그건 안 되는 거지.

그냥 이 사람은
존나 급한 사람이라고요

임지은 다시 돌아가자면 그걸 정하는 문제가 되게 시급하다고 알려주는 게 니키의 〈신즈〉 작업 같아. '다들 당장 키

스해, 지금 시간이 뭐 얼마나 남았다고 그러고 살아?'

니키리 내 말이. 얼마나 남았다고요.

임지은 사람들이 예술가가 한량인 줄 아는데, 어쩌면 그냥 삶의 긴급함을 아는 조급한 사람들일지도 몰라. 늘 죽음을 생각하는 식으로 삶을 살아가는 사람들이라 예민하고, 예민하기 때문에 시간이 긴박하게 가고 있다는 걸 매번 감지하는 거지. '야 지금 이렇게 빠른데 안 보여? 안 들려? 안 들려?' 그냥 이 사람은 존나 급한 사람이라고요.

니키리 틱탁 틱탁 틱탁. 지금 가고 있다고 시간이!

임지은 매일이 이머전시입니다!

니키리 진짜 매일이 이머전시야. 그래서 재미도 긴급해. 맨날 재미를 긴급하게 찾아 헤매니, 매일매일이 재밌어서 죽겠다니까.

임지은 진짜 가만히 누워서 쉬는 꼴을 못 봤다니까.

니키리 '아, 내일 죽을 수도 있으니 지금 내가 할 수 있는 모든 힘을 동원해서 움직여야겠다'가 내 결론이야. 죽으면 누워서 끝나잖아. 안 움직이잖아. 움직이는 거야말로 내가 살아 있다는 증거일 텐데. 그렇다면 내가 하고 싶은 걸 다 하고 내 삶을 불태울 수밖에 없구나 싶어.

◎ 일요일 아침은 그제야 쓸쓸함을 보여줬던 것 같다. 내 나이 서른 초반에.

다시 태어나는 날 같았다. 아무도 모르고 아무도 없는 곳. 조용한 거리. 팔락이는 슈퍼마켓의 색색 깃발. 아무 것도 안 해도 될 거 같은 애기 같은 마음. 그 마음이 왜 고독했을까.

창문이 일곱 개였던 집의 일요일 아침은 여하튼 그랬다. 빛으로 반짝이지나 말지.

니키리

◎ 아니야. 목포의 눈물 때문인 거야. 이난영의 목소리가 유달산 자락에 남아서 그래서 그런 거야 하였건만.

유달산은 쓸쓸하더이다.

낙지호롱이를 먹고 신안 비치 호텔 편의점에서 허쉬콘을 빨아 먹어도.

니키리

◎ '꿈속에 네가 나왔는데……'로 시작하고 싶은 그런 장면일까.

'오늘'을 사는 거.

아끼지 말고 하고 싶은 거 오늘 다 해. 보고 싶은 사람도 오늘 만나고.

오늘은 꿈처럼 사라지고 내일은 없잖아. 다시 오늘이지.

니키리

재수 없지만 성공하고 나서
공허해졌습니다

니키리 진짜 아침에 일어나면 무기력해서 아무것도 하고 싶지 않고 우울하고 그냥 어떻게 이 긴 하루를 보내지 한숨 쉬고 외롭고. 그런 시기가 있었어.

임지은 언제?

니키리 뉴욕에 살 때. 성공하고 난 뒤에 오는 그 공허함의 시기가 있었어. 눈 뜨면 종일 하고 싶은 게 없는 거야. 오죽하면 그때 내 갤러리 딜러가 너 뭐 어디 고아원에 가서 자원봉사를 하라고 하더라니까. 그 공허함이 어떻게 밀려왔냐면, 나는 진짜 야망에 불타오르는 사람이었고 내가 하고 싶은 걸 추구했어. '뉴욕에서 아티스트로 성공해야지'에 꽂혀가지고 말이야. 너도 알잖아. 내가, 정말 손대는 건 다 잘해내야 되는, 그래야 성에 차는 사람이잖아. 그걸 하려고 달려왔고 어찌저찌 다 이루어냈어. 그래서 구찌도 사 입고 막 샤넬 백도 사고 했어. 근데 그다음이 없는 거야. 너무 재미가 없는 거야. 뭘 해야 될지 모르겠더라.

임지은 다음이 없는 느낌, 지루해지는 느낌인 건가?

니키리 응. 사람이 그래. 예를 들면 〈뉴욕타임스〉가 나를 대서특필했어. 그럼 또 나는 재미가 없어. 그 공허함이 길게 이어지던 시기에 태오를 만났고 결혼을 한 거야.
그런 걸로 나의 삶의 변화가 생길 줄 알았어. 물론 태오라는 변화가 생겼지. 하지만 별개로 저 감정들은 더 쌓여서 뭐 공황장애가 터지고…… 그 모든 과정을 다 겪고 난 다음에 결국 바닥을 친 거지.
지금의 나는 더 이상 어떤 목표가 없어. 난 인생에 목표가 없는 사람이야.

목표가 없어서 행복합니다

임지은 우리가 처음에 친해졌을 때 니키가 '재밌는 거 좀 없나' 이 얘기를 나한테 참 많이 했는데. 차 안에서, 니키 집으로 가는 경사로 올라갈 때마다 '넌 재밌지? 나는 다 재미가 없다, 왜 이렇게 재미있는 게 없냐' 이런 얘기를 막 했었거든.

니키리 맞아! 근데, 또 지금은 다 재밌어. 왜 그럴까 생각을 해봤는데 옛날에는 목표가 많았거든. 근데 난 지금 어떤 목표도 없어. 솔직히 얘기하면 비트닉―니키리가 2024년 설립한 연예기획사. 배우 유태오가 소속되어 있다―도 작업도 구체적인 목표가 없어. 이거 그려서 어느 갤러리에 어떻게 전시를 해야지, 같은 목표가 없다는 얘기야. 그때 그 순간순간에 재미있는 거면 돼. 지금도 너랑 얘기하는 게 재미있고 그게 다야.

언제부턴가 목표가 없는 삶이 됐어. 근데 목표가 없는 삶이 전혀 재미없지 않아. 전에는 목표가 없기 때문에 재미가 없다고 생각했거든. 지금은 아예 그런 개념이 없어. 지금 난 너무 재미있게 살고 있는데, 알고 보니 목표가 없더라고. 여기에는 어떤 계기 같은 게 없어.

임지은 어떻게 그러지?

니키리 지금이야말로 나는 오직 그 순간에만 살고 있나 봐. 옛날에도 순간을 살아야지 했어. 그런데 그건 어떤 목표를 세워놓고 그 목표로 가기 위한 마음이었던 것 같아. 내 인생은 이렇게 가고 싶어 막 이러면서. 옛날에는 막 예를 들어서 한 3일을 집에서 뒹굴고 아무것도 안 하고 그게 좋은데도 그렇게 하고 있으면 죄책감을 느끼고 그걸 즐기지도 못했거든.

지금은 목표 없이, 드디어 이 순간만을 위하여 살게

됐어. 지금은 3일 놀고 싶으면 3일 놀아. 죄책감도 없고 그냥 아, 잘 놀고 있네, 아, 좋아, 이게 다야.
웃긴 게 지금 일이 더 잘돼. 그냥 모든 게 '야, 재밌다. 한번 해볼까'로 다 귀결돼. 그냥 어떤 목표가 없어.

임지은 몇 년 전에 니키가 이런 얘기를 할 땐 쓸쓸하게 말했는데 지금은 그런 느낌 안 나.

니키리 응, 안 쓸쓸해.

임지은 앞에 그런 걸 다 겪고 나면 그렇게 되나?

니키리 나이가 들어서, 점점 더 죽음에 가까이 가고 있어서 그런 것도 있는 거 같아. 밖으로는 크게 달라진 게 없잖아. 근데 안에는 생각의 경험치들 같은 게 쌓이고 죽음에 대해서 진짜로 생각도 해보고 하니까. 옛날에는 죽음이 추상적이었다면 이젠 정말 내 몸으로 몸소 느끼고 있어. 한 발짝 한 발짝. 옛날에도 알고는 있었는데, 인식은 하고 있었는데, 내가 흰머리가 나고 막 이러니까 실감이 무서운지 그런 걸 막 생각할 때가 있어.

너네도 한번 늙어봐라

니키리 내 나이라는 게 얼마나 피곤한지 몰라. 나이가 들면 들수록 부지런해야 돼. 진짜 새치가 얼마나 빨리 자라는지, 3주에 한 번씩은 뿌리 염색을 해야 된다니까.

니키에 따르면 나이 드는 건 모든 것에 비용이 더 드는 일, 뭘 해도 절차가 하나 더 있는 일과 같았다. 책을 읽거나 연락을 하려면 매번 돋보기를 주섬주섬 꺼내서 써야 되고, 하다못해 밖에 나가서 뭘 먹으려고 해도 돋보기를 써야 메뉴가 보이고, 그 안경이 돋보기처럼 보이지 않도록 최대한 예쁜 안경테를 또 골라야지. 그걸 하나만 사나? 한 다섯 개 사놓고 가방마다 넣어둬야지. 안 그러면 매번 챙겨야 하는데 그럴 정신이 어디 있어, 새치 염색 하러 가야 하는데!
 니키는 자기가 엄청나게 부지런하다고 불평을 늘어놓았다.

임지은 그러고 보니 만나면서 니키 흰머리는 한 번도 못 봤어. 나도 요즘 흰머리 막 나는데, 그냥 내버려두면 안 되나?

니키리 물론 놔버리면 돼. 요즘은 은발이 예쁘다니까 내버려두면 돼. 딱 봐도 돋보기 같아 보이는 돋보기 끼면 돼. 결국 다 자기랑 합의를 보는 거지. '자, 이제, 나는 은

발로 가겠어' 하고 말이야. 안 그러면 부지런해야 되는 데다 인생이 너무 피곤해지니까. 그리고,

임지은 그리고?

니키리 난 합의를 죽어도 보기 싫지.

임지은 이게 포인트인 것 같네. 왜 죽어도 보기 싫은데?

니키리 남들이 뭐라든 나는 싫어. 나는, 내가 상정한 '여자'로 보이는 게 신나고 재밌단 말이야. 나는 거울을 보면서 '넌 네가 남자라면 저 거울에 보이는 여자랑 키스할래 안 할래, 낄래 안 낄래?'를 기준으로 둬. 그리고 내가 남자라면, 새치가 막 보이는 중년의 여자랑 키스 안 할 거야. 이건 내 기준이기 때문에 하얀 머리가 섹시하지 않다고 내가 단정 짓는 건 아니야. 그렇게 놔버리는 것도 카리스마 있는 사람으로서 섹시할 수는 있겠지.

임지은 정정하자면 오히려 이런 거 아닐까? 흰머리가 많이 난 여자를 건드릴 남자는 니키에게 섹스어필이 안 되는 거지.

니키리 역시 임지, 내 말을 귀신같이 안다니까. 내가 그렇다고 젊어지고 싶은 건 아닌 거 같아. 그런 거면 지금 젊은 애들이 하는 모든 걸 막 따라 할 텐데, 거기엔 딱히 관심이 없어. 단지 나는 내가 생각했을 때 재미없고 섹시하지 않은 건 안 할 뿐이지.

임지은 대세와는 확실히 다르긴 하지. 요즘 대세는 성적인 걸 금지하고, 남자를 좋아한다는 사실을 숨기고, 나이 드는 걸 최대한 자연스럽게 받아들이고 또 즐기고…… 뭐 그런 거 같아. 하긴 니키 작업도 대상화를 자처하는 작업이었으니까.

니키리 그 대세는 늙음이 뭔지 모르는 애들이 만들어놓은 거지, 나랑은 상관없어. 뭐, 나이 들어서 아름다워? 늙음도 아름다울 수 있어요? 야. 도대체 늙은 게 뭐가 아름답니? 늙어봐라 진짜.

임지은 그런 얘기를 하는 사람들의 대부분은 아직 덜 늙었거나, 젊거나, 아까 니키가 말한 것처럼 '이제 나는 이쪽으로 가겠어' 하고 타협을 본 사람들인 거 같아. 어쨌든 나도 나이를 먹어가니까 그런 말에 위안받았던 적도 많아.

그런데 내가 정작 나이 든 사람들한테 실제로 듣는 말들은 딱 니키가 하는 말 같아. 늙는 건 좆같다는 거야. 우리 할머니도 죽기 전까지 그랬어. 어떻게든 나이 들어가는 몸에서 도망치고 싶은데 어쩔 수가 없다고.

니키리 그럼. 어차피 어쩔 수 없으니까 나는 최대한 할 때까지 해보는거야. 〈서브스턴스〉 봤지? 진짜 나는요 자매님, 데미무어가 정말 부지런할 거라고 생각해요. 부지런하지 않고서는 그럴 수가 없어. 그 부지런함도 리스펙 해야 돼. 성형수술하고, 머리 맨날 염색해야 될 거고. 그런 상태라는 게 돈도 있어야 되지만 고통과 인내가 수반되잖아. 진짜 가끔은 나도 다 놔버리고 싶어. 그러다가도 예쁜 옷을 보면 내가 미쳤지, 하고 자세를 고쳐 앉지만. 야, 정말이지, 진짜 힘든 거야. 안 그래도 나이 들면 힘든 게 많아지는데 먹는 것도 절제해야 되고 예쁜 옷 입으려면 항상 긴장 상태로 몸을 둬야 하잖아. 옷도 결국에는 열정^{passion}을 위한 패션^{fashion}인 거야.

남편은 상관없어

각자 살아 있다는 느낌을 갖는 방식은 다른 거니까. 누군가는 이러면서 살아 있다는 느낌이 드는 거고, 긴장을 포기하면서 얻는 것도 분명히 있겠지만 긴장을 선택하면서 얻는 것도 분명히 있겠지. 그렇다 해도 왜 그렇게 자신을 긴장 상태로 두는지는 궁금했다. 딱히 형부가 여덟 살 어려서 그런 거 같아 보이지는 않았다. 내가 본 형부는, 그냥 니키가 아무것도 안 하고 자신을 내버려두는 걸 좋아하는 특이한 사람이었기 때문이다…….

니키리 태오는 상관없어. 그러니까 정말로 내가 예쁜 게 하고 싶어서, 내가 이런 게 너무 좋으니까 하는 거고 그게 나한테 중요하니까 해. 그리고 태오는 스스로에게 중요한 것에 몰두하는 내 태도를 좋아하고 말이야.

임지은 아니 그게 왜 중요한데?

니키리 왜 중요하냐고? 우선 내가 동시대성을, 재미있는 걸 존나 좋아하잖아! 그러려면 젊은 애들이랑 얘기를 해야 재밌단 말이야. 빨리빨리 돌아가는 템포가 나랑 잘 맞으니까. 솔직히 슬로하면 난 너무 재미가 없는데 내 또래들은 다 엄청 슬로해. 그 나이까지 긴장 상태를 하나씩 포기하고 합의하다 보면 어쩔 수 없이 슬로해져. 그게 나쁘다는 게 아니야. 내 나이대로서는 그러지 않는 게 엄청 힘들어. 내가 왜 모르겠어?

그런 말해도 괜찮냐고 묻자 니키는 상관없다고 했다.

니키리 다만 말하고 대화하면서 재미를 찾는 내게는 재미가 사라지는 거지. 하필 내가 좋아하는 대화는 온갖 것에 관심을 갖는 대화, 템포가 빨라지면서 나오는 반짝거림이 있는 그런 대화니까. 그리고 그런 대화를 할 수 있는 사람들과 어울리려면, 내 외모도 너무 슬로한 게 티 나면 안 된다고 여기는 거야. 젊은 애들이 보기에도 뭐 하나는 '멋지다'가 있어야 어울릴 수 있을 거 아냐. 아니 봐봐, 내가 그냥 슬로한 늙은이면 젊은 애들이 나를 모시고 싶어 할지언정 나랑 놀고 싶겠냐? 근데 나는 놀고 싶다고!
만약에 내 또래 애들이 굉장히 재밌잖아? 그럼 나는 다 상관없었을걸? 내 또래의 재밌는 친구들도 물론 있지. 근데 대체로는, 내 또래 즈음이면 말하는 패턴부터 재미가 없어. 뭐 보험 얘기하고 집 얘기하고.

임지은 미치겠다! 듣고 보니 무서워! 내 나이대도 벌써 그러기 시작했는데. 무슨 얘기 하면 집 얘기, 빚 얘기……. 이제 가임기 막바지다 보니 만나는 여자 친구들 중

결혼한 친구들이랑은 뭘 얘기해도 결국 애 얘기 하고…… 아직 미혼인 친구들이랑은 뭘 얘기해도 일 얘기, 가족 꾸리는 얘기, 거기 필요한 조건들 얘기, 건강 얘기하고. 그전엔 이런 얘기만 하는 사람들을 극혐했는데, 글쎄 이제는 내가 그러고 있는 거야!

니키리 그렇다니까! 너도 그럴 때지. 안정적으로 현실에 발을 붙이고 있어도 불안한 게 삶이니까, 특히 한국 사회는 먹고 살기 힘든 게 너무 명백한 사회니까 너처럼 삼십대만 돼도 그 문제에 돌입하느라 애를 써. 지금도 그러는데 앞으로는 어떨 거 같아?

임지은 그게 안심되고 좋을 때도 있어. 아, 나도 이제 어른이 됐구나, 뭔가 책임질 것들이 늘어가는구나, 내게도 가정을 꾸리고 결혼하고 애를 낳는 일이, 적어도 가능은 해졌구나! 평생 알바 얘기만 하다가 내 인생이 끝날 줄 알았거든. 남들이 밟아보는 생애주기, 사회적 단계 같은 건 영원히 못 밟을 거라고 생각했어.
하지만 그거랑은 별개로, 뭐랄까…… 나는 자라면서 내내, 언제나, 생활이나 일상보다는 조금 더 큰 걸 보고 싶었어. 내내 그랬어. 생활이 나쁘다는 게 아니야. 오히려 생활이 되게 중요하다는 걸 깨닫고 나니까, 그

외의 걸 선택하려면 온몸으로 애써야 하는구나, 같은 깨달음이 왔다고 해야 하나. 일상적인 거에 신경을 쓴다는 건, 더 멀리 갈 수 있는 내 에너지가 일부 거기에 쓰이고 사라진다는 의미로 느껴진다고 해야 하나. 결국 그런 것들이 한 사람을 현실에 발 붙이게 하는 동시에 또 더 가지 못하게 묶어놓고, 그게 이따금 슬퍼. 옛날에는 집 얘기 일 얘기 애 얘기만 하는 사람도 극혐이었어. 그렇다고 나이 먹고 계속 그런 얘기를 안 하려고 하는 사람 역시 추잡해 보였지.

돌이켜 보면 그냥 나이 먹는 일을 혐오했던 거야. 이십대 때의 나는 늙는 게 뭔지 아예 몰랐던 거지. 절대로 그 사고를 할 수 없었던 거지.

예술 하고 앉아 있네

니키리 이게 늙고 안 늙고만의 문제도 아니야. 더 깊게 가면, 나는 현실에 끝까지 발을 안 디디려고 노력하잖아. 나한테는 그게 아티스트 삶을 사는 거야. 모두가 발을 디디려고 할 때 나는 붕 떠 있고 싶어.

임지은 그러니까 '예술 하고 앉아 있네' 같은 소리가 나오는 거군. 좋아. 그것만으로도 삶에 다양성을 주는 거라고!

니키리 그게 나이 들면서 더 힘들어지니까 문제지. 아무튼 나이 들어봐라 이것들아. 진짜 한 개도 안 좋다!

임지은 누군가 이렇게도 말해주니 속 시원하네. 맨날 내 입으로는 나이 먹어가니 좋다고 말하면서도 내 몸에서 나이 듦의 나쁜 점을 발견할 때마다 죽고 싶어졌었는데. 말도 못 했네.

니키리 하지만 이거야말로 진짜 아이러니인데, 나는 오십대인 지금이 제일 재밌긴 해. 내 외모도 내 모든 인생을 통틀어 지금 제일 괜찮고 제일 좋아. 전엔 다 새로워서 재밌었지만 다 새로워서 너무너무 스트레스가 많았어. 나를 증명해야 되고 내 일을 해야 하니까 많이 보고 많이 읽고 아침에 일어나서 운동하고. 뉴욕에서는 나름 규칙적인 삶으로 삼십대를 보냈거든. 말하자면, 열심히 날 쌓는 기간이었지. 재밌었지만, 한편으로는 또 그게 뭐가 그렇게 재밌겠냐? 나는 다시 돌아가기 싫어. 지금이 뭔가 다 좀 알 것 같아서 재밌지. 단지 이렇게 오십대가 제일 재밌으면서도, 한편으로는 늙는다는 게 얼마나 피곤하고 힘든 건지 참…….

임지은 나는 지금도 이십대가 그리운데. 니키는 진짜 젊어지고 싶어 하는 거 같진 않아. 어쩌면 나처럼 늙음에 뭔가 기대를 걸고, 그때가 아름답다 하는 건, 지금이 아닌 지금 이후에 무언가를 기대하는 마음과 연결되는 건지도 모른다는 생각도 가끔 들어.

만일 지금이 그렇게 너무 재밌으면, 이걸 놓칠까 봐 늙는 걸 싫어할 수도 있잖아. 이렇게 좋은데 왜 늙어야 돼? 하면서.

니키리 맞아! 그게 나야. 재밌어서 순간을 놓치기가 싫고 그래서 늙는 게 싫어. 거기다 '와 아무도 이제 나의 여성성을 봐주지 않으면 어쩌지'의 공포도 솔직히 있지. 그건 태오랑 상관없어. 여성성, 대상화되는 것, 거기서 오는 활기가 내 삶에서 중요한 거니까 말이야. 하지만 일흔 살이 넘어가면 그때는 내가 원해도 지금과 차원이 다르게 어려울 것 같아. 지금이야 어떻게든 노력하면 완전 불가능의 영역은 아니지만 그쯤 가면 누구에게도 '쟤랑 자고 싶다'를 불러일으키긴 어려울 거 같아.

어린 남자가
자고 싶어 하는 여자

임지은 세상이 이 모양이고, 여자를 대상화하는 남자들로 인해서 얼마나 많은 문제가 일어나는데 어떻게 그런 소리를 하냐고 따지는 사람도 있잖아.

근데 나는 정확히 같은 이유로 지금 니키 말이 신나. 피카소나 헤밍웨이나 그전에 남자 천재 예술가들, 나이 먹은 그들을 상찬하는 키워드 중 일부는 다 그런 거였잖아. 그들은 나이 실컷 먹어서도 어린 여자들이랑 잘 수 있다는 것 말이야. 그건 나이 먹어서도 섹슈얼한 게 그들에게 굉장히 중요했다는 뜻이잖아. 그들이 끔찍한 방식으로 해서 문제가 되었지만, 나는 여자도 방식만 다를 뿐 그들처럼 섹슈얼한 걸 포기 못 하는 것 또한 내버려뒀으면 좋겠거든. 나이 먹을수록 무슨 수를 써도 대상화를 당하기가 훨씬 어려운 여성이라면 더더욱 말이야. 대상화 없이 사람을 어떻게 만나?

니키리 그치. 남자는 돈 많으면 어린 여자가 충분히 자고 싶어 할 수 있어. 하지만 여자가 돈 많다고, 어린 남자가 충분히 자고 싶어지겠냐고? 그런 대상이 되기란 여자한테 훨씬 어려워.

임지은 맞아. 그쪽이 훨씬 더 드문 일이라면 그 또한 도전해 볼 만하지 않겠어? 끔찍하게만 안 하면 되지. 그리고 성공하든 말든, 그런 대상으로 남아보길 시도함으로써 얻는 활기라는 게 있는 거잖아? 남자들은 그 활기를 갖고 살도록 잘만 놔둔 게 역사고 말이야.

니키리 어쨌든 나는 거란족 막아내듯이 끝까지 나의 모든 힘을 다해서 늙음을 방어할 거야. 내 모든 돈을 들이면서. 더 이상 방어를 못 하게 될 때가 있을 거 아니야? 그럴 때면 안락사를 할까도 생각 중이다. (농담을 하듯 크게 웃는다)

무너지는 때쯤 되면 그때 내 마음은 좀……. 받아들이겠다고 마음먹으면 잘 받아들이는 사람이니까 잘 받아들일 거라고 생각해.

근데 뭐든 할 만큼 했다는 게 중요한 거지, 만족할 만큼. 나한테 자연스럽게 늙는다는 건 있을 수 없는 일이야. 나는 모든 인공적인 걸 동원해야지.

임지은 니키한테서 처음 본 비장함이네! (웃음) 아마 사람들은 니키가 그런 말 할 거라고는 생각도 못 할걸. 아티스트니까 자연이나 늙어감 이런 걸 받아들일 거라고 생각했을걸?

인공적인 게 뭐 어때서

임지은 사람들은 인공적인 걸 좀 안 좋아하는 것 같아. 확실히 많은 데서 자연스러운 걸 미의 중요한 요소로 보고, 인공적인 거는 의도가 개입된 거라고 생각하잖아. 의도가 개입되면 진정하지 않은 걸로 보고. 그런데 또 한편으로 사람들은 의도를 중요시한단 말이지. 보통 책이든 영화든 뭘 보면 맨날 '이걸 만든 사람의 의도가 뭐야?'를 따지잖아. 내 말은, 사람들은 의도를 중요시하는 동시에 그 의도가 순수하길 바란다는 거야.

니키리 '자연스러운 거'랑 '자연'은 달라. 나에게서 나오는 에너지를 나 스스로 편안하게 느끼는 거랑, 있는 그대로인 거랑은 다르지. 인공이 내 것이 되려면 자연스러워야 되고.

임지은 내가 하고 싶은 말이 그거야. 자연은 있는 그대로고, 인공적이라는 건 인간이 하는 일이자 있는 그대로의 무언가에 사람의 의도가 개입된 것이라는 뜻이지.

니키리 사람들이 헷갈려하는 거 같아. 나한테 자연스럽다는 건 '인공적이 아니다'라는 뜻이 아니라, 의도를 잘 소화시켰다는 뜻에 가까워. 의도를 소화 못 시킨 걸 인공적이라고들 하는데, 실은 그건 그냥 부자연스러운 거에 가까워. 성형도 자연스러우면 뭐라고 안 하면서 자연스럽지 않으면 인공적이라고 하잖아.

임지은 그러게. 생각해보면 사람들이 의도부터 자연스러워야 된다고, 순수해야 된다고 여기는 게 재미있어. 의도 자체가 애당초 인공적인 건데.

니키리 그렇지. 만일 내가 타고나길 '자기 마음대로 모든 게 되지 않으면 짜증이 나는 사람'이야. 그건 나의 자연이겠지?

그런데 내가 어느 날, '나 이러면 안 되겠다, 내 마음대로 안 되더라도 좀 참아보자, 그래서 다른 사람이 나 때문에 불편하지 않게 하자'라고 내 의도를 개입시켜 훈련한다고 쳐. 그래서 화를 잘 다스리게 된 거지. 그때 사람들이 자연스럽게 '와, 쟤는 자기 마음대로 안 되는 상황에서도 굉장히 의연하구나' 하고 봐준다면 그건 내가 인공적으로 만든 나잖아. 내 의도를 내가 잘 소화시켰기 때문에 자연스럽게 의연한 사람이 되는 거, 그게 인공이지 뭐.

입체적으로 못돼 처먹은 여자

임지은 삶도 예술도 그게 기반이지. 요즘 사람들은 독창적이거나, 일필휘지로 딱 써내기를 원해. 그러면서도 작가가 아닌 이상에야 퇴고를 하는 사람은 드물어서, 수업 같은 데서 만나면 사람들한테 항상 퇴고를 꼭 시킨단 말이야.

그 퇴고라는 게 별게 아니야. 내 마음대로 안 되는 글을, 조금 더 나은 무언가로 만들기 위해서 의도적으로 계속해서 고쳐나가고…… 그 수천 번의 작은 선택들이 모여서 결과물을 만들어내는 게 전부지. 사실 글이라는 게, 놓아줘야 할 때 놓아주되 놓기 직전까지 얼마나 충실하게 개입하느냐의 문제 같아. 그러다 뜻하지 않게 좋은 결과를 낼 때도 있고 말이야. 이전에 읽었던 조지 손더스의 책 『작가는 어떻게 읽는가』에서도 얘기를 해서 놀랐었어. 우리가 우리 나름대로 더 잘해보려다가 의도치 않은 결과를 낼 수 있다는 거지. 예를 들면 내가 '니키는 못돼 처먹었다'는 내용을 쓰고 싶어. 근데 여기다가 '니키는 못돼 처먹었다'라고 쓰니까 읽는 사람이 실감이 안 나. 그냥 못돼 처먹었다, 라는 의미만 있고.

니키리 그치. 왜 못돼 처먹었는지 디테일을 설명해줘야지.

임지은 "니키는 남들이 다 보고 우는 드라마를 보면서 신파라고 비웃는다. 옆에선 누가 울든 말든 상관하지 않는다."

니키리 그거 좋다. 나는 진짜로 그러니까.

임지은 쓰다 보니까 이것도 전달이 명확하지는 않아서, 이걸 정확하게, 구체적으로 전하려면 어떻게 해야 될까 자꾸 고민해보는 거지. '그런데 왜 니키는 신파를 비웃을까?' 그 '왜'에 대한 답이자 맥락을 써주면 더 잘 전달이 되거든. 설명하기 어렵지만 그렇게 파다 보면 니키의 삶이나 니키가 갖고 있는 예술에 대한 생각, 니키의 근원이 나오는 거지. 니키가 그냥 못돼 처먹은 사람에 그치지 않고 입체적이 된다고 해야 하나.

니키리 무조건 뭔가 나오지.

임지은 사람이 누군가의 맘에 들려고, 잘해보려고 무언가를 하다 보면 뜻하지 않게 좋은 사람이 되어 있을 때가 있잖아. 그처럼 니키에 대해 대충 써낸 화자보다는 입체적으로 써낸 화자가 여러모로 더 괜찮은 인간 같아 보이는 거지. 단지 나는 남들보다 글을 더 잘 쓰고 싶던 게 다였는데. 나도 모르게 종이 위에서 조금 더 괜찮은 사람이 되어버린 거야. 누가 거기 대고 '너 의도는 원래 불순했잖아. 너 얘 못되게 쓰려고 한 거잖아. 결국 네가 괜찮아 보이는 사람인 건 다 거짓된 거잖아'라고 따지면…… 시작은 분명 그랬으니 할 말은 없는데 그렇다고 의도가 잘못되었으니 결과물도 다 거짓일까? 계속 손대고 개입하면서 뭔가 더 아름다운 걸 만들어낸다면? 무엇보다 사람이 고정된 존재인가? 꼭 한곳에 머무르기만 해야 하나? 무언가를 통과하면서 달라질 수 있는 거 아닌가? 그렇게 따지는 사람들은 한 인간의 가능성을 쓰레기통에 처박아버리는 게 아닌가? 아무튼 너무 있는 그대로를, 말하자면 '자연' 그 자체를 다루려고 하거나 집착하면 오히려 담기지 않는 것들이 있어. 버려지는 것들도 있고.

니키리 그런 애들은 그냥 명상이나 하라 그래. 아니, 쉽게 얘기하면 사랑하고 연애할 때만 생각해봐도 그래. '있는 그대로' 하면 되지, 라는 말을 따르면 아무도 사랑 못해. 오히려 그런 걸 극복하는 게 연애잖아.

임지은 있는 그대로 누가 사랑하냐. 그랬다간 우리 엄마도 나 못 사랑할걸.

니키리 문자를 했는데 누가 바로 답장을 안 해주면 안달복달하고, 그것 때문에 하루 종일 안달복달하는 내 마음을 다스리려면 의도가 들어가야 된단 말이야. 이 사람이 무슨 일을 하고 있을 수도 있고, 또 상대방이 곧바로 답장하라는 법도 없는 거고. 답장을 안 한다고 해서 내 기분이 하루 종일 망쳐진다면 내 감정이라는 걸 좀 들여다보게 되는 거고. 짜증 나도 참고. 혼자 이겨내고. 이런 걸 계속 겪고 반복하다 보면 좀 나아지고. 그런 것도 다 인공적인 프로세스지. 심지어 섹스도 인공이야. 자연적인 본성 어쩌고 하는데, 본성을 구현하는 게 얼마나 힘든데.

임지은 본성대로 여자들이 즐기울 수 있으려면 아주 오래 인공적이어야……. (웃음)

니키리 본성대로 끝나면 한쪽만 좋지 뭐.

연애는 무서운 거지만

임지은 누가 있는 그대로 나를 받아준다면, 본성을 잘 실현시켜준다면 상대는 겁나 인공적으로 굴고 있는 거겠지, 뭐. (웃음) 뭘 전하고 싶어 하는 것 자체가 사실 의도고, 마음을 주고받고 싶어 하면서 의도가 없을 순 없고, 의도라는 게 애당초 완전히 순수하기만 할 수도 없지. 거기다 처음에는 내 감정을 전하고 싶어서 용을 쓰잖아. 그러다 보면 방금 말한 것처럼 안달복달하게 되고 짜증나고 흔들리고…….

그 과정을 제대로 통과하다 보면, 감정을 전하는 게 아니라 그냥 내가 누군지 나를 알게 되는 거 같아. 전하는 게 아니라 아는 걸로 끝날 때가 훨씬 많고.

니키리 그래서 연애가 무서운 거야. 자기에 대해서 알게 되고, 그러면서도 하기 싫은 일을 반복하게도 되는데, 그러다가 자기한테 진절머리도 나게 되고 자학도 하게 돼. 그런데 그것만큼 자기를 돌아보게 하는 건 없어. 지옥을 봐야 자기를 보지. 학습하고 발전하지 않으면 지옥이 자꾸 되풀이되고 말이야. 그 지옥을 견뎌내면서 자기를 계속 바라봐야 하는 이 과정을 뭘로 할 거야.

아무튼 연애 많이 해야 돼. 연애는 본성이거나 자연적으로 서로 케미가 맞아서 되는 일이 아니야. 그렇게 자연스럽게 되려면 인공적으로 노력을 많이 해야 돼. 내가 의도적으로 마음을 다스려야 되고. 내가 왜 이렇게 사랑이나 연애를 좋아하나 생각하면 그게 인공적이어서 그런가봐.

임지은 그러게 말이야. 기왕이면 사랑 많이 했으면 좋겠어. 꼭 그래야 되냐고 말하는 사람들도 있는데, 난 할 수 있으면 하는 게 좋은 거 같아. 내가 아는 한에선 그것만큼 나는 나를 움직이게 하는 게 없거든.

니키리 움직여야 돼. 행동하고 아프고 깨지고 해야지. 사람이 살아가는 데 있어서 있는 그대로, 자연 그대로 다 받아주고 내버려두는 게 어디 있어.

모두가 조금은
개박살 나봐야 돼

임지은 사실 자연이야말로 존나 안 받아주고 안 내버려두잖아. 풀밭 가면 종아리 따가울까 봐 풀이 알아서 다 갈라지고, 내가 가면 벌레들이 나 안 쏘고……. 자연은 그런 거 없어.

니키리 맞아. 그러면 얼마나 좋겠냐. 자연은 의도가 불가능해지는 곳이야.

임지은 자연스러움을 갈망하는 그런 의도 자체가 인공적인데 의도를 되게 중요시하고, 타인의 의도를 확인하려고 하고, 또 잘못이나 무언가를 변명할 때도 늘 의도를 말하면서 모든 게 자연스럽기를 바란다는 게 모순이지. 애당초 의도 자체가 개입이자 인공적인 건데 그게 자연처럼 보이길 바라는 마음이 웃겨. 인간이 자연스러워지려고 하는 모순 자체가 인공이라면······.

그래서 사람이구나 싶긴 해. 그냥 사람이 이런 건지도 몰라. 뭐라도 행동하게 한다는 점에서 난 그 모순이 참 좋거든. 그런 모순을 응시하다 보면 개박살 나겠지만······. 머리도 마음도 쪼개질 거고······. 사실, 모두가 조금은 개박살 나봐야 돼······.

니키리 개박살이 나봐야 사람이지. 그때 비로소 아름다운 거야. 그게 인공미지. 예술도 개박살이 나는 과정이고.

임지은 그래서 니키가 예술에 대해 인터뷰할 때마다 고고하게 분위기 잡는 걸 싫어하나 보네. '야, 다 개박살인데 뭘 그렇게 고고허냐!'

니키리 그러니까! 내가 내 약하고 지저분한 부분들을 배를 까고 보여주는 게, 나의 그런 자연을 보여주는 인공적인 프로세스가 예술인데. 개박살의 과정을 거쳐야 인공미가 완성되는 건데. 과정이 존나 그 모양이라서 결과물이 아름다워질 수 있는 거지. 내가 자연스럽게 보인다고 해서 그게 자연인 게 아닌데.

임지은 자연이 되고 싶어 하는 인공들, 이게 말이야 방구야. 근데 나는 그런 긴장과 모순이 웃기고 좋다. '인간, 시발…… 평생 괴로울 수밖에 없는 존재들.' 우리 자체도, 우리가 하는 일도 자연에 나타난 인공인데 그걸 자연으로 보이게 하려고 애쓰고 있으니…….

니키리 그럴 수밖에 없어.

임지은 그러면서도 또 생각해보면 자연을 갈구하는 마음이 이해는 가. 가령 캠핑을 좋아하는 사람들은 의외로 자연보다도 도시를 더 좋아하는 사람들이래. 자연을 좋아하긴 하지만 완전히 자연으로 들어가 살 자신은 도저히 없어서, 그만큼 도시가 좋아서 가끔씩만 자연을 보러가는 거지.
어쩌면 인간이란 의도의 개입이 불가능해지는 곳에 놓여야만 비로소 의도를 내려놓을 수 있는 존재인지도 몰라. 그리고 자연은 의도를 체념하게 하는 곳이지. 이상하게도 가끔은 그게 이완이나 휴식처럼도 느껴지고 말이야. 왜, 아주 멀리 가야만 쉴 수 있게 되는 마음이라는 게 있잖아.

니키리 인생이 그렇지가 않으니까. 인생이, 삶이 인공이고, 자연은 우리 삶과 다르니까. 오히려 그래서 사람들은 자연을 봤을 때 감동을 하는지도 몰라. 어쨌거나 나는 자연이 삶이 아니니까 자연이 무서운 거야. 자연은 의도도 없고 내가 개입할 수도 없는 커다란 무언가지. 그러면서도 우리는 자연에서 왔기 때문에 언젠가는 반드시 거기로 되돌아가야 해. 우리가 평생 보는 건 인공인데 말이야. 죽음이야말로 자연의 마지막 팡파레야. 자연의 팡파레를 울리는 게 죽음이지. 니들 너무 자연 좋아하지 마. (웃음)

예술가는 직업이 아니라
작업이야

니키리 요즘 내가 그림을 안 그리고 있잖아. 처음에 그림을 막 한참 그리다가 이 회사가 만들어진 거란 말이야. 회사 사무실에서 그림 그리려고 내가 작업실도 여기로 옮겨놨잖아. 근데 막상 사람이 일하고 있으니까 여기서 그림을 못 그리겠더라고. 힘들어, 안 돼.
그리다가 딱 그만뒀으니까, 이제 정말 예술가로서 정

체성이 없어졌나 고민이 들긴 하더라. 열심히 그려야 되는데 하다가 말았으니까. 10년 동안 작업하고 싶을 때를 기다려왔는데, 막상 시작해서 달리려는 순간 갑자기 덜컥 멎은 느낌. 자전거로 열심히 달리려고 했는데 갑자기 수영을 해야 하는 그런 상황이랄까.

근데 그거 알아? 수영을 하더라도 어느 날 자전거를 타면 잘 탈 수 있겠다 싶은 생각이 드는 거 말이야.

무협지 보면 서로 칼을 부딪칠 때 눈을 감고 자기들이 다 시뮬레이션을 해. 눈으로 다 싸우는 거야. 상상 속에서 그러다가 마지막에 검을 잡아서 싸워. 둘이 딱 그렇게 가.

조나라의 검법 무사들은 모래 바닥에 막대기로 계속 서예만 했대. 두 가지 이유가 있는데, 서예가 결국 칼을 쓰는 리듬인 거야. 그러니까 서예를 계속하는 게 서예 검법을 하고 있는 거랑 다름없고, 서예를 한문으로 쓰다 보면 철학의 세계로 들어가잖아. 결국은 검법의 높은 수준으로 가면 이소룡이 절권도에서 항상 말했듯이 철학으로 들어간단 말이야. 그러니까 서예를 쓰고 있지만 옛 검법을 염원하고 있는 거지. 남들이 보기엔 엄한 짓을 하고 있지만 말이야.

이걸 나한테 대입을 시키고 나니 마음이 편해지더라. 회사를 차리면서 내가 배운 게 너무 많거든. 나에 대해서 다시 알게 되고, 또 내가 한 번도 안 가본 자리에서 사람들의 관계성에 대한 생각을 또 하게 되고, 그게 개인적으로 진짜 내공이 쌓이는 느낌이야.

임지은 내가 아침에 갑자기 생각나서 '예술가는 직업인가?'라는 질문을 적었는데 니키가 지금 그 얘기를 해서 소름이 돋네.

니키리 죽기 전에 나한테 던지고 싶은 질문이 있어. 딱 눈을 감을 때 '넌 인생을 어떻게 살았니' 생각할 수 있잖아. '너는 네가 생각하는 예술가의 인생을 살았니' 할 때 나는 오케이일 것 같은 거야. 나는 그렇게 살아온 거야. 만약에 내가 진짜 돈만 밝히는 사업가가 돼버렸어. 그럼 이제 나중에 죽을 때 오케이는 못 하겠지.

임지은 뭔가 작업이 있어야지.

니키리 아니, 작업이 돈으로 대체된 거야. 그러니까 작업은 없어도 돼. 나한테 중요한 건 네가 예술가로서 인생을 살았냐는 질문은 결과물이랑 상관없다는 거야.

임지은 결과물이랑은 상관없다?

니키리 내가 예술가로 살았다고 느끼면 그만인 거야. 그건 여전히 변함없어. 내가 앞으로 죽을 때까지 예술작품으로 어떤 결과를 내지 않아도, 내가 느끼기에는 내가 예술가의 삶을 살았어, 하면 죽을 때 여한이 없겠다는 생각이 드는 거야. 그런데 예술가가 직업이라는 거에 문제로 들어갔을 때는 얘기가 달라지는 거야. 예술작품이 남아야 한다는 거지. 그리고 남들이 나를 예술가로 불러줘야 예술가잖아.

임지은 나 자신에 대한 문제가 아니라 타인의 문제로 간다면,

니키리 꽃이 자기가 꽃이라고 해서 꽃인가? 남이 꽃이라고 불러줘야 꽃인 거지. 내가 페인팅을 하나도 안 남기고, 내 작품을 하나도 안 남기고 죽을 때 나 혼자 만족해. 나한테 예술가의 삶을 줘도 오케이, 내 삶은 괜찮아. 하지만 그들이 나를 예술가로 불러줄 거냐고. 안 불러준단 말이야. 난 역사 속에 예술가로 남지 않을 거야. 직업으로 받아들이지 않았으니까. 검법을 써야 검사지.

임지은 타인으로 가지고 오네. 야, 또라이 아니야. (감탄)

니키리 지금 내가 내린 결론은 나 1년이고 2년이고 페인팅 안

해도 상관없다. 하지만 내가 예술가로서 사람들에게 남으려면 페인팅 해야 한다.

별거 없어도 개좋아

임지은 직업인으로서의 예술가로 남겨지려면 말이지. 다만 자아로서의 어떤 뭔가 그런 정말 그냥 예술가라는 내 문제로 가면 (주거니)

니키리 (받거니) 나는 난 내일 죽어도 괜찮다. 별거 없어도 괜찮다. 지금 죽을 때까지 페인팅 안 해도 상관없다. 내가 자아로서 예술가로서 나 스스로만 아는 문제에 대해 대답이 예스면 네가 선택하라는 거야.

임지은 개좋아. 생각은 비슷한데 난 이렇게 명쾌하게 정리는 안 되고 가는 중이었던 것 같아. 책을 내야 작가이지만, 책을 안 내도 작가인 거고.

니키리 나는 내 몸으로 겪으면서 내 머리를 같이 돌리니까 이게 결론이 난 거지.

임지은 사람들이 자주 물어봐. "작가님은 루틴을 어떻게 해요, 글감을 어디서 찾아요?"

루틴이 중요하지. 어느 정도는 나도 내 작업할 때 많은 걸 단순화해. 성실하게 쓰는 거, 그러다 잘 쓰게 되는 건 멋진 일이고 말이야. 근데 글쓰기가 그렇게만 해서 해결되는 건 절대 아닌 거 같아. 뭔가 생각하고 정리하고 머릿속의 불을 켜놓고. 쓰기는 안 쓰는 시간을 포함하잖아. 그게 그냥 논다는 의미가 아니라, 쓰는 것처럼 생각하면서 세상을 겪으라는 거 같아. 써야지 써야지 하면서 초점을 맞추고 사는 삶.

이게 내가 요즘 덜 쓰고 있는 걸 변명하는 거 같아서 머쓱하기도 하지만. 한편으로는 아까 니키가 말한 거랑 똑같은 거야. 자기 안에서 스위치가 켜지면 돼. 그럼 모든 게 소재와 영감이 될 수 있어. 모든 게 글처럼 될 수 있어. 글 쓰듯 살 수 있어. 사람들이 가끔 글감을 물어보는데, 그것도 비슷한 거야. 내가 그렇게 불을 켠 상태에서 찾아가는 거지. 그게 글쓰기에 포함되어 있는 거고.

나는 루틴보다 그걸 더 믿어. 그 점에서 루틴은 중요하지만 안 중요해.

스위치는 그냥 자발적으로 어느 순간 켜지면 그때부터 끄기가 어려워지는 무엇인데, 그게 어떻게 켜졌는지는 나도 잘 기억은 안 나. 다만 결국은 스위치의 문제고 초점의 문제고……. 내가 글을 쓰고 있지 않을 때도 계속 그 생각을 하면 글을 쓸 때 분명 제대로 나오는 게 있어.

아, 존나 명쾌하네

니키리 나랑 놀면서도 너는 글을 쓰고 있는 셈이지. 야, 어떤 작가는 그냥 소파에 누워서 하루를 보낸다잖아. 소파에 누워서 스위치 켜놓고 있는 거야. 근데 맨날 밖에 나가서 무슨 글감 찾는다고 해도 스위치가 꺼져 있어 봐. 그게 글을 쓰고 있는 걸까?

임지은 "이게 직업이에요?"라고 물어보면 그건 답하기 좀 어려워. 근데 오히려 직업으로서의 의식보다 더 오랫동안 한 사람을 살아가게 만드는 건 난 그 영역이라고 생각해. 이게 없으면 직업인으로 아무리 있어도 불행할 수밖에 없어. 아, 존나 명쾌하네.

에필로그

한번은 휴양지에 다녀온다던 니키를 부러워한 적이 있다.

"오랜만에 푹 쉬다 오겠네. 좋겠다!"

니키는 답했다.

"나 자연 싫어해." 그러면서 휴양은 휴식이 되지 못한다는 말도 덧붙였다.

나는 자연을 좋아한다. 산이나 강, 바다 등에서 느껴지는 '그' 자연 말이다. 축축한 풀 내음이 온몸을 적셔온다든지, 볕을 품은 그늘이 살랑일 때마다 그 사이로 새소리와 벌레 소리가 드나든다든지, 자기 전 어디선가 파도가 묻은 바닷바람이 이마를 쓸어온다든지 하는……. 나처럼 도시에 사는 대부분의 이들은 자연에 대해 비슷한 이미지를 갖고 있다. 거기에는 평화로운 자연이 우리를 해방시켜주고 또 회복시켜준다는 암묵적인 합의 또한 흐른다.

다만 니키라면…….

니키는 도시를 사랑한다. 네온사인과 붉은 조명을 좋아한다. 뉴욕이라는 도시에서 성공했고 그곳의 갤러리에 자신의 작품을 걸어왔다. 몸으로 하는 귀찮은 잡일을 싫어한다. 옷이든 그릇이든 가구든 무엇이 되었든, 인간이 공을 들인 근사한 물건 앞에서는 본능적이면서도 즉각적으로 눈동자를 반짝인다. 무엇보다, 니키는 미움받는 걸 아무렇지 않아 한다. 내가 아는 한 니키는 다른 사람들이 합의한 내용에 대해 통 눈치를 보지 않는다. '온 세상'이 자연을 칭송하든 말든 자기와는 '다른 세상'의 얘기인 것이다.

그래서일까? 니키가 이렇게 말했을 때 나는 좀 의아했다.
"실은…… 자연이 두려운 거야."
두려움? 지루함이나 귀찮음이 아니라? 순간 웃음이 났다. 니키도 자연 앞에서는 별수 없이 나 같구나 싶어서였다. 나는 성격상 자연을 좋아하면서도 쉽게 겁을 먹었다. 이를테면 한밤중의 산속이나 강의 표면은 밤하늘보다도 검은 나머지 겁나 험한 게 나타날 것만 같고, 숲속을 걷다 보면 말벌에 쏘일 것 같고, 바다에 가면 상어가 나를 물 것 같았다. 그런 두려움은 나에게도 있는 평범한 것이었다.

하지만 이어진 니키의 말은 그와 달랐다. 니키에 따르면…….

자연은 죽음의 공간이다. 수많은 동식물이 죽고 또 죽인다. 다람쥐가 뱀을 만나서 죽고, 고라니가 나뭇가지에 찔려서 목숨을 잃는 것 같은 치명적인 우연이 곳곳에 도사린다. 동시에 봄철에 앞다투어 폈던 꽃이 지는 것처럼 존재하는 모든 것이 소멸하는 치명적인 보편도 존재한다.

그러니까 니키에게 있어 자연은 낭만이자 비극인 것이다. 사라질 것이므로 낭만이고, 처음부터 사라지기로 결정되었기에 비극인 자연. 그곳에서 인간의 운명은 너무나 선명하게 드러나는 나머지, 니키는 자신이 자연에 있을 때마다 무방비 상태로 던져진다고 했다.

그리고 무방비 상태로 거대한 자연이자 우주에 던져졌음을 인식하며 사는 건, 순간순간 두렵고, 또 아름답고, 처연하고, 무엇보다 본질적으로…….

"너무나 고독해."

니키는 나지막이 말했다.

나는 그간 니키가 자신에게 본질적인 고독이 있다고, 아주 어린 시절부터 쭉 그걸 느껴왔다고 말해온 걸 떠올렸다. 그럴 때마다 니키의 주변이 조용히 가라앉는 듯 보였던 것도.

번화가나 아파트 단지라고 해서 비극에서 자유로운 건 아니다. 인간은 어디에서든 죽음을 향해 달려가고, 누가 어디에 있든 산속의 다람쥐는 죽어가겠지. 그런 의미에서 자연으로부터 도망갈 도리란 없는 게 아니냐고 나는 물었다. 니키는 순순히 인정했다. 그 때문에 도시가 좋다고 했다. 자연의 비극 같은 건 존재하지 않는 듯 안전하고 영원하다는 착각을 제공하는 거야말로 도시의 기능이니까. 그 말은 꼭 도시가 니키의 갑옷 혹은 진통제라도 된다는 것처럼 들렸다. 어쩜 그것만으로는 충분치 않았던 것 같지만 말이다.

"나는 작업을 해서 살아 있는 거긴 해. 돌이켜 보면 누워서 천장을 보며 울고만 있던 날이 참 많았던 것 같아."

여기까지 쓰면서 생각한다. 니키의 고독을 내가 꼭 같은 방식으로 제대로 이해하고 있을지는 영원히 알 수 없을 거라고. 숱한 대화에도 불구하고 여전히 나는 궁금하니까. 니키에게 고독은 예술의 원천일까, 예술을 통해서 밀어내야 할 재앙일까?

다만 대답이 어려울 때마다 내가 상기하는 건 이런 것이다. 스스로가 너무나 작다고 느낀 나머지 이따금 정체 모를 두려움이 찾아오던 걸 떠올리며, 내가 마치 니키의 말을 알아듣는 것처럼 고개를 끄덕이던 것. 아주 잘게 부서져본 내 모든 경험이 오로지 그 끄덕임을 위해 존재하는 것처럼. 때로 우리가 그토록 무한히 작아지는 건 무언가를 정면으로 마주한 증거라도 되는 것처럼. 꼭 그게 우리를 여기 데려다주기라도 한 것처럼.

도시 어딘가에서
임지은